HACKERS TOEFL
SPEAKING Intermediate 200% 활용법

토플 쉐도잉&말하기 연습 프로그램
이용방법 고우해커스(goHackers.com) 접속 ▶
상단 메뉴 [TOEFL → 쉐도잉&말하기 연습] 클릭하여 이용하기

토플 스피킹/라이팅 첨삭 게시판
이용방법 고우해커스(goHackers.com) 접속 ▶
상단 메뉴 [TOEFL → 스피킹게시판/라이팅게시판] 클릭하여 이용하기

토플 공부전략 강의
이용방법 고우해커스(goHackers.com) 접속 ▶
상단 메뉴 [TOEFL → 토플공부전략] 클릭하여 이용하기

토플 자료 및 유학 정보
이용방법 고우해커스(goHackers.com)에 접속하여 다양한 토플 자료 및 유학 정보 이용하기

고우해커스 바로 가기 ▶

교재 MP3
이용방법 해커스인강(HackersIngang.com) 접속 ▶
상단 메뉴 [토플 → MP3/자료 → 문제풀이 MP3] 클릭하여 이용하기

문제풀이 MP3 바로 가기 ▶

iBT 스피킹 실전모의고사
이용방법 해커스인강(HackersIngang.com) 접속 ▶
상단 메뉴 [토플 → MP3/자료 → 무료 MP3/자료] 클릭 ▶
본 교재의 실전모의고사 프로그램 이용하기

MP3/자료 바로 가기 ▶

말하기 연습 프로그램
이용방법 해커스인강(HackersIngang.com) 접속 ▶
상단 메뉴 [토플 → MP3/자료 → 무료 MP3/자료] 클릭 ▶
본 교재의 말하기 연습 프로그램 이용하기

MP3/자료 바로 가기 ▶

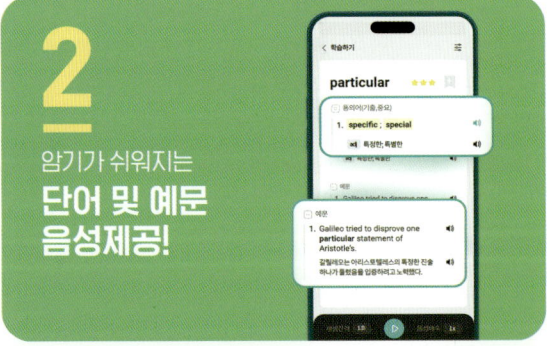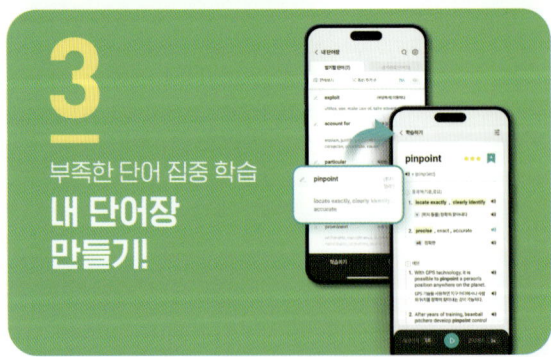

HACKERS
TOEFL SPEAKING
Intermediate

해커스 어학연구소

무료 토플자료·유학정보 제공
goHackers.com

최신 토플 경향을 반영한
Hackers TOEFL Speaking Intermediate (iBT)
을 내면서

해커스 토플은 토플 시험 준비와 함께 여러분의 영어 실력 향상에 도움이 되고자 하는 마음에서 시작되었습니다. 해커스 토플을 처음 출간하던 때와 달리 이제는 많은 토플 책들을 서점에서 볼 수 있지만, 그럼에도 해커스 토플이 여전히 **독보적인 베스트셀러**의 자리를 지킬 수 있는 것은 늘 **처음과 같은 마음**으로 더 좋은 책을 만들기 위해 고민하고, 최신 경향을 반영하기 위해 끊임없이 노력하기 때문입니다.

이러한 노력의 결실로, 새롭게 변경된 토플 시험에서도 학습자들이 영어 실력을 향상하고 토플 고득점을 달성하는 데 도움을 주고자 **최신 토플 경향을 반영한** 『Hackers TOEFL Speaking Intermediate (iBT)』을 출간하게 되었습니다.

토플 스피킹 고득점의 발판을 확실히 마련하기 위한 중급 교재!
『Hackers TOEFL Speaking Intermediate (iBT)』은 학습자들이 중급 실력을 완성하고, 나아가 상급 말하기 실력으로 발돋움하기 위한 중급용 학습서입니다.

단계별 학습을 통한 완벽한 실전 대비!
학습자들이 문제 유형별 전략과 말하기 단계에 따라 체계적으로 학습함으로써, 보다 수준 높은 말하기 실력을 쌓을 수 있도록 구성하였습니다. 또한, 말하기에 유용한 중요 표현을 제공하여 학습자들이 실제 시험에 철저히 대비할 수 있도록 하였습니다.

『Hackers TOEFL Speaking Intermediate (iBT)』이 여러분의 토플 목표 점수 달성에 확실한 해결책이 되고 영어 실력 향상, 나아가 **여러분의 꿈을 향한 길에 믿음직한 동반자**가 되기를 소망합니다.

David Cho

Hackers TOEFL Speaking Intermediate

CONTENTS

|H|A|C|K|E|R|S|

TOEFL SPEAKING Intermediate

모범 답안 · 스크립트 · 해석

해커스 어학연구소

Independent Task

Q1 나의 선택 말하기

COURSE 01 | 중요 표현 익히기

HACKERS PRACTICE 🎧 Q1_3   p.36

01 **Second**, learning through experiences is more powerful.
   둘째로, 경험을 통해 배우는 것이 더 강력하다.

02 **First**, studying alone is more convenient for me.
   첫째로, 혼자 공부하는 것은 내게 더 편하다.

03 I like to see **as many** different places **as possible**.
   나는 가능한 많은 다양한 장소를 보는 것을 좋아한다.

04 **I prefer** communicating over the phone to sending e-mails.
   나는 이메일을 보내는 것보다 전화로 연락하는 것을 선호한다.

05 When he retired, he **was relieved from stress**.
   그는 퇴직했을 때 스트레스로부터 해방되었다.

06 **Second**, it sets a bad example if late assignments are not penalized.
   둘째로, 만약 늦게 제출된 과제가 처벌되지 않는다면 좋지 않은 예가 되는 것이다.

07 On the phone, I can **receive someone's reply** immediately.
   전화로는, 나는 누군가의 답변을 즉시 받을 수 있다.

08 **I think** spending time exploring **is better than** going directly to my destination.
   나는 탐험하며 시간을 보내는 것이 나의 목적지에 곧바로 가는 것보다 낫다고 생각한다.

09 If I study with my friends, we have to **arrange a time** when all of us can meet.
   내가 친구들과 함께 공부하면 우리는 우리 모두가 만날 수 있는 시간을 정해야 한다.

10 There are some business owners who have **made a lot of money** without going to university.
   대학에 가지 않고도 많은 돈을 번 몇몇 사업가들이 있다.

11 **I disagree with the statement that** a college education is necessary in order to succeed in life.
   나는 인생에서 성공하기 위해 대학 교육이 필요하다는 진술에 동의하지 않는다.

12 **For example**, when I invite friends to a party by phone, I can quickly estimate how many will come.
   예를 들어, 전화로 친구들을 파티에 초대할 때, 나는 얼마나 많이 올지 빨리 추정할 수 있다.

13 If I learn about something on a **field trip**, then I will remember it better.
   내가 견학을 가서 무언가를 배우면, 나는 그것을 더 잘 기억할 것이다.

14 **To be specific**, if I hear the tone of someone's voice, then I can recognize how they really feel.
   구체적으로, 나는 누군가의 어조를 들으면, 그들이 진짜 어떻게 느끼는지 나는 알아차릴 수 있다.

COURSE 02 | 아웃라인 적기

HACKERS PRACTICE

p.40

01 어떤 사람들은 조사를 할 때 도서관의 책에 의존합니다. 다른 사람들은 인터넷에서 이용 가능한 자료를 사용합니다. 당신은 어느 방법을 선호하고, 이유는 무엇입니까?

아웃라인

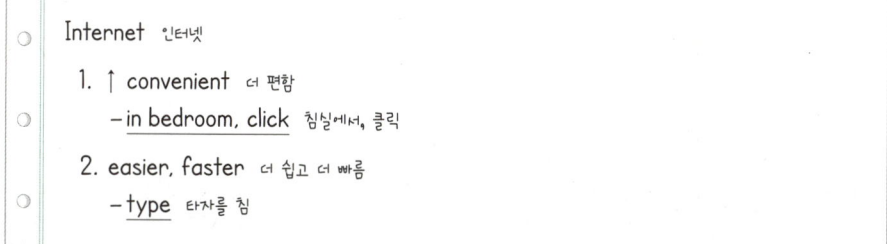

02 다음 진술에 동의하나요, 아니면 동의하지 않나요? 텔레비전은 사람들에게 부정적인 영향을 끼친다. 구체적인 예와 설명을 들어 답하세요.

아웃라인

- agree 동의함
    1. X exercise 운동 안 함
        - exciting programs 흥미진진한 프로그램
    2. X educational 교육적이지 않음
        - laugh but X teach 웃게 하지만 가르치지는 않음

03 다음 진술에 동의하는지 동의하지 않는지 말하세요. 그리고 구체적 근거를 들어 이유를 설명하세요.
가르치는 데에는 능력보다 지식이 더 중요하다.

아웃라인

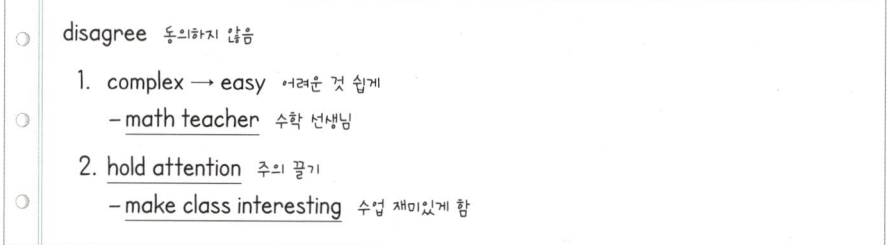

04 어떤 사람들은 큰 백화점에서 쇼핑하기를 선호합니다. 다른 사람들은 작은 지역 상점에서 쇼핑하기를 선호합니다. 당신은 어느 것을 선호하고, 이유는 무엇입니까?

아웃라인

- department stores 백화점
  1. many products 많은 상품
     - clothes, bags, shoes, etc. 옷, 가방, 신발 등
  2. guaranteed 보증됨
     - bought bag: problem → replaced 가방 샀는데 문제가 있어서 교환함

COURSE 03 | 아웃라인 바탕으로 말하기

HACKERS PRACTICE
p.44

01 과제나 시험 결과에 대한 의견을 구할 때, 어떤 사람들은 교수님과 직접 대화하는 것을 선호합니다. 다른 사람들은 이메일을 통해서와 같이 서면으로 된 의견을 받는 것을 선호합니다. 당신은 어느 방법을 선호하고, 이유는 무엇입니까?

말하기 Q1_9

나의 선택

① **I prefer** / talking to a professor in person / to receiving written comments.

이유 1 + 구체적 근거

First, / when speaking in person, / I can ② receive the professor's reply immediately.

③ **For example**, / when the professor gives feedback on my assignment, / I can ask questions / as soon as they come to mind.

이유 2 + 구체적 근거

④ **Second**, / it is better to see ⑤ the professor's facial expressions.

To be specific, / I can ⑥ avoid misunderstanding the professor's intentions / on ⑦ sensitive topics like test results.

해석 나는 서면으로 된 의견을 받는 것보다 교수님과 직접 대화하는 것을 선호한다.
첫째로, 직접 이야기할 때, 교수님의 답변을 즉시 받을 수 있다.
예를 들어, 교수님이 과제에 대한 의견을 주실 때, 나는 질문이 떠오르자마자 할 수 있다.
둘째로, 교수님의 표정을 보는 것이 더 낫다.
구체적으로, 시험 결과와 같은 민감한 주제에 대한 교수님의 의도를 오해하는 것을 피할 수 있다.

어휘 in person 직접 comment[kάːment] 의견 immediately[imíːdiətli] 즉시 come to mind (생각이) 떠오르다
misunderstand[mìsʌndərstǽnd] 오해하다 intention[inténʃən] 의도 sensitive[sénsətiv] 민감한, 섬세한

02 다음 진술에 동의하나요, 아니면 동의하지 않나요? 정부는 오래된 건물을 없애고 새로 짓는 대신 오래된 건물을 보존해야 한다. 구체적인 예와 설명을 들어 답하세요.

말하기 🎤 🎧 Q1_11

나의 선택

① **I agree with the statement / that** the government should preserve old buildings / instead of destroying them and building new ones.

이유 1 + 구체적 근거

② **First**, / preserving old buildings can save the government a lot of money.

To be specific, / it is very ③ expensive to build new buildings, / and preserving old buildings is much cheaper.

이유 2 + 구체적 근거

Second, / preserving old buildings / ④ can benefit the tourism industry in our country.

⑤ **For example**, / a lot of people ⑥ visit Europe / to see the many old buildings that have been preserved by the government.

해석 나는 정부가 오래된 건물을 없애고 새로 짓는 대신 오래된 건물을 보존해야 한다는 진술에 동의한다.
첫째로, 오래된 건물을 보존하는 것은 정부가 많은 돈을 아끼도록 해줄 수 있다.
구체적으로, 새로운 건물을 짓는 것은 매우 비싸고, 오래된 건물을 보존하는 것이 훨씬 더 싸다.
둘째로, 오래된 건물을 보존하는 것은 우리나라의 관광 산업에 이득이 될 수 있다.
예를 들어, 많은 사람들이 정부에 의해 보존되고 있는 많은 오래된 건물을 보기 위해 유럽을 방문한다.

어휘 preserve[prizə́ːrv] 보존하다   destroy[distrɔ́i] 없애다, 부수다   tourism industry 관광 산업

03 어떤 사람들은 느슨한 생활 양식이 빠르게 돌아가는 바쁜 삶보다 낫다고 생각합니다. 당신은 어느 것이 더 나은 삶의 방식이라고 생각합니까? 이유를 설명하세요.

말하기 🎤 🎧 Q1_13

나의 선택

I think / ① a relaxed lifestyle **is better than** a fast-paced, busy life.

이유 1 + 구체적 근거

First, / a relaxed lifestyle is ② less stressful.

③ **For example**, / when my father worked, / he always felt stressed / because he often had to work past midnight. When ④ he retired, / he was relieved from stress.

이유 2 + 구체적 근거

Second, / a relaxed lifestyle is ⑤ healthier.

To be specific, / people who ⑥ live a fast-paced life / have less time to eat good food. Busy people often eat ⑦ junk food / because it is quick and simple.

해석   나는 빠르게 돌아가는 바쁜 삶보다 느슨한 생활 양식이 낫다고 생각한다.
첫째로, 느슨한 생활 양식은 스트레스가 더 적다.
예를 들어, 아버지께서는 일하셨을 때, 종종 자정이 넘어서까지 일을 하셔야 했기 때문에 항상 스트레스를 받으셨다. 그는 퇴직하셨을 때 스트레스로부터 해방되셨다.
둘째로, 느슨한 생활 양식이 건강에 더 좋다.
구체적으로, 빠르게 돌아가는 삶을 사는 사람들은 좋은 음식을 먹을 시간이 더 적다. 바쁜 사람들은 빠르고 간단하기 때문에 종종 정크 푸드를 먹는다.

어휘   lifestyle[láifstàil] 생활 양식   fast-paced[fǽstpèist] 빠르게 돌아가는   stressful[strésfəl] 스트레스가 많은
midnight[mídnàit] 자정   retire[ritáiər] 퇴직하다

04 어떤 사람들은 부모님과 선생님 같은 다른 사람들의 충고를 듣고 배우는 것을 선호합니다. 다른 사람들은 그들 자신의 경험을 통해 배우는 것을 선호합니다. 당신은 어느 방식을 선호하고, 이유는 무엇입니까?

말하기   Q1_15

나의 선택

① **I prefer** / learning through my own experiences / to listening to the advice of others.

이유 1 + 구체적 근거

First, / it is ② difficult to know / whose advice to trust.

For example, / when I was trying to ③ decide on my major, / my parents and teachers gave me different advice / and made me confused.

이유 2 + 구체적 근거

④ **Second**, / learning through experiences / is more powerful.

To be specific, / if I learn about something ⑤ on a field trip, / then I will remember it better.

해석   나는 다른 사람들의 충고를 듣는 것보다 나 자신의 경험을 통해 배우는 것을 선호한다.
첫째로, 누구의 충고를 믿어야 할지 아는 것은 힘들다.
예를 들어, 내가 전공을 정하려고 했을 때, 부모님과 선생님들이 다른 충고를 해주었고 나를 혼란스럽게 만들었다.
둘째로, 경험을 통해 배우는 것이 더 강력하다.
구체적으로, 만약 내가 견학을 가서 무언가를 배우면, 나는 그것을 더 잘 기억할 것이다.

어휘   confused[kənfjú:zd] 혼란스러운

HACKERS TEST

p.48

01 어떤 사람들은 여행할 때 목적지에 곧바로 갑니다. 다른 사람들은 여행하는 동안 탐험하며 시간을 보냅니다. 당신은 어느 것이 더 나은 여행 방법이라고 생각하나요? 이유를 설명하세요.

아웃라인

> exploring 탐험하는 것
> 1. miss unexpected 예상하지 못한 것을 놓침
>   - Paris street performance 파리 길거리 공연
> 2. fun 재미있음
>   - see many places 많은 장소 봄

말하기 🎤 🎧 Q1_17

나의 선택

> **I think** / ① spending time exploring / **is better than** going directly to my destination.

이유 1 + 구체적 근거

> **First,** / ② if I go directly to my destination, / I may miss an unexpected experience.
>
> **For example,** / ③ if I were in Paris / and I went straight from the airport to my destination, / I might miss an interesting street performance.

이유 2 + 구체적 근거

> **Second,** / ④ exploring is fun.
>
> **To be specific,** / ⑤ I like to see / as many different places as possible. ⑥ Going straight to my destination / does not let me do that.
>
> For these reasons, / I think spending time exploring / is better.

해석 나는 목적지에 곧바로 가는 것보다 탐험하며 시간을 보내는 것이 낫다고 생각한다.
첫째로, 내가 목적지에 곧바로 가면, 나는 예상하지 못한 경험을 놓칠지도 모른다.
예를 들어, 내가 파리에 있고 공항에서 목적지에 곧바로 간다면, 흥미로운 길거리 공연을 놓칠지도 모른다.
둘째로, 탐험하는 것은 재미있다.
구체적으로, 나는 가능한 많은 다양한 장소를 보는 것을 좋아한다. 목적지에 곧바로 가는 것은 내가 그것을 할 수 없게 한다.
이러한 이유로, 나는 탐험하며 시간을 보내는 것이 더 낫다고 생각한다.

어휘 explore[ikspló:r] 탐험하다 directly[diréktli] 곧바로 destination[dèstənéiʃən] 목적지 straight[streit] 곧바로

02 한 교수님이 시험을 잘 보지 못한 학생들에게 성적을 향상시킬 기회를 주는 것을 고려하고 있습니다. 학생들이 추가적인 에세이를 제출한다면, 교수님은 그들의 전체 성적을 재평가할 것입니다. 당신은 이 의견에 동의하나요 아니면 동의하지 않나요? 구체적인 예와 설명을 들어 답하세요.

아웃라인

○ disagree 동의하지 않음
  1. unfair 불공평함
  ○ – work hard to perform well on exams 시험을 잘 보기 위해 열심히 함
  2. set bad example 좋지 않은 예가 됨
  ○ – other students study less for exams 다른 학생들이 시험을 위해 덜 공부함

말하기 Q1_19

나의 선택

I disagree with the idea / that ① if the students submit additional essays, / the professor will reassess their overall grades.

이유 1 + 구체적 근거

First, / ② reassessing their grades is unfair.

To be specific, / ③ most students work hard / to perform well on exams. ④ So, it would be wrong / to reassess the grades of the students who failed exams.

이유 2 + 구체적 근거

Second, / ⑤ it sets a bad example / if poor test scores can be made up for.

For example, / ⑥ other students might start to study less for exams. ⑦ This could cause them / to become irresponsible.

For these reasons, / I think the professor / should not give students another chance / to improve their grades.

해석 나는 학생들이 추가적인 에세이를 제출한다면 교수님이 그들의 전체 성적을 재평가할 것이라는 의견에 동의하지 않는다.
첫째로, 그들의 성적을 재평가하는 것은 불공평하다.
구체적으로, 대부분의 학생들은 시험을 잘 보기 위해 열심히 한다. 따라서, 시험을 망친 학생들의 성적을 재평가하는 것은 옳지 않다.
둘째로, 만약 나쁜 시험 점수가 만회될 수 있다면 좋지 않은 예가 된다.
예를 들어, 다른 학생들이 시험을 위해 공부를 덜 하기 시작할지도 모른다. 이는 그들이 무책임해지게 할 수 있다.
이러한 이유로, 나는 교수님이 학생들에게 성적을 향상시킬 또 다른 기회를 주어서는 안 된다고 생각한다.

어휘 **submit**[səbmít] 제출하다 **reassess**[rì:əsés] 재평가하다 **overall**[óuvərɔ̀:l] 전체의, 종합적인 **grade**[greid] 성적
unfair[ʌ̀nfέər] 불공평한 **set a bad example** 좋지 않은 예가 되다 **make up for** 만회하다, 보상하다
irresponsible[ìrispánsəbl] 무책임한

Integrated Task

02 읽고 듣고 말하기 (1) 대학 생활

| COURSE 01 | 중요 표현 익히기

HACKERS PRACTICE Q2_2

p.58

01 The man **has mixed feelings about it**.
  남자는 그것에 대해 복잡한 감정을 가지고 있다.

02 **This is because** he thinks that they are busy studying.
  이는 그가 그들이 공부하느라 바쁘다고 생각하기 때문이다.

03 She **thinks that** it is impossible to study there anyway.
  그녀는 어차피 그곳에서 공부하는 것은 불가능하다고 생각한다.

04 **This is because** the theater needs to be enlarged.
  이는 교내 극장이 확장될 필요가 있기 때문이다.

05 **According to the reading**, a professor thinks that the auditorium needs to be renovated.
  읽기 지문에 따르면, 한 교수는 강당이 보수될 필요가 있다고 생각한다.

06 **On the other hand**, he **mentions that** the lending period for non-students is not practical.
  반면에, 그는 비학생을 위한 대출 기간이 현실적이지 않다고 말한다.

07 **Second**, she **mentions that** the university should hire more professors.
  둘째로, 그녀는 대학교가 더 많은 교수를 고용해야 한다고 말한다.

08 **According to the reading**, the university is going to allow undergraduate students to take some graduate classes.
  읽기 지문에 따르면, 대학교는 재학생들이 대학원 수업을 듣도록 허락하려고 한다.

09 The woman **thinks it is a good idea but has one concern**.
  여자는 그것이 좋은 의견이라고 생각하지만 한 가지 우려가 있다.

10 **On the one hand**, he **says that** it will help the school to contribute to the community.
  한편으로는, 그는 그것이 학교를 지역 사회에 기여하도록 도와줄 것이라고 말한다.

11 The man **does not think it is a good idea for two reasons**.
  남자는 두 가지 이유 때문에 그것이 좋은 의견이라고 생각하지 않는다.

12 **First**, he **says that** it will be very useful for the students.
  첫째로, 그는 그것이 학생들에게 매우 유용할 것이라고 말한다.

COURSE 02 | 노트테이킹하기

HACKERS PRACTICE

p.64

01 읽기 노트

- 30 hr. commu. service 30시간의 지역 봉사활동
  - @ commu. center / city hall 문화 회관이나 시청에서

듣기 노트

- M: X 남: 반대
  1. stud. choose where 학생들이 장소를 정해야 함
     - prefer other 다른 장소를 선호함
  2. X forced 강요받으면 안 됨
     - X feel accomplishment 성취감을 느끼지 않음

스크립트 및 해석 Q2_3

Reading

The university has announced that all final-year students must complete 30 hours of community service in order to graduate. You will have 45 seconds to read the announcement. Begin reading now.

대학은 모든 마지막 학년 학생들이 졸업하기 위해서 30시간의 봉사활동을 이수해야 한다는 것을 공지하였습니다. 공지를 읽는 데 45초가 주어질 것입니다. 이제 읽기 시작하세요.

지역 봉사활동 요구조건

내년을 시작으로, 모든 마지막 학년 학생들은 졸업하기 위해 30시간의 지역 봉사활동을 이수해야 할 필요가 있습니다. 학생들은 지역 문화 회관이나 시청에서 봉사 시간을 이수할 수 있습니다. 두 업무 현장 모두 학생들에게 흥미로운 업무 환경과 학습 기회를 제공합니다. 대학은 학생들의 삶이 다른 이들을 돕는 데 그들의 시간과 재능을 사용함으로써 풍요로워질 것이라고 믿습니다. 지역 봉사활동 시간을 등록하기 위해서는, 학생들은 교무처에 알려야 합니다. 직원이 위치와 일정에 대한 정보를 제공해 줄 것입니다.

community service 지역 봉사활동   carry out 이수하다   community center 문화 회관   environment [inváiərənmənt] 환경   enrich [enrítʃ] 풍요롭게 하다   talent [tǽlənt] 재능

Listening

Now listen to two students as they discuss the announcement.

이제 공지에 대해 토의하는 두 학생의 대화를 들어보세요.

W: Did you hear that we need to do community service in order to graduate?
M: Yes. And I have to say that I don't really like the idea.
W: How come? It will give students a chance to prepare for the real working world. So the experience might come in handy after graduation.
M: Well, yeah . . . but the school shouldn't be so strict about how we do it! Personally, I think that students should be able to choose where to volunteer at, rather than being

told by the university. I'm sure there are some students who would prefer to do their volunteer work at places other than the community center or city hall.

W: Hmm . . . you have a good point there. Students around here do have a wide range of interests.

M: There's something else to consider, too. I don't think the students should be forced to do community service at all. I mean, they should really want to do the work. The students won't feel any sense of accomplishment in their work if it's not voluntary.

여: 졸업하려면 지역 봉사활동을 해야 한다는 말 들었니?
남: 응. 그리고 난 그 생각이 정말 마음에 들지 않는다는 걸 말해야겠어.
여: 어째서? 그것은 학생들이 실제 직장을 위해 준비하는 기회가 될 거야. 그리고 그 경험은 졸업 후에 도움이 될 거고.
남: 음, 맞아... 하지만 학교가 그것을 하는 방법에 대해 너무 엄격하면 안 되지! 개인적으로, 나는 대학이 말해준 곳이 아니라, 학생들이 어디에서 자원봉사를 할지 선택할 수 있어야 한다고 생각해. 나는 문화 회관이나 시청 이외의 장소에서 봉사활동 하는 것을 선호하는 학생들이 있을 거라고 확신해.
여: 흠... 네 말도 일리가 있어. 이곳 학생들은 다양한 관심사가 있지.
남: 또 생각해 봐야 할 것이 하나 더 있어. 학생들이 지역 봉사활동을 하도록 강요받으면 결코 안 된다고 생각해. 내 말은, 그들이 정말로 그 일을 하고 싶어 해야 해. 자발적인 것이 아니라면 학생들은 그들의 일에서 어떤 성취감도 느끼지 않을 거라고.

The man expresses his opinion regarding the announcement made by the university. State his opinion and explain the reasons he gives for expressing that opinion.

남자는 대학의 공지에 대한 의견을 표명합니다. 남자의 의견을 말하고 그러한 의견을 표명하는 이유를 설명하세요.

working world 직장 strict[stɹikt] 엄격한 volunteer[vàləntíər] 자원봉사하다 considor[kənsídər] 생각하다, 고려하다
force[fɔːrs] 강요하다 sense of accomplishment 성취감 voluntary[váləntèri] 자발적인

02 읽기 노트

○ replace lib. computers 도서관 컴퓨터 교체
○   – slow & outdated, within 2 weeks 느리고 구식, 2주 이내

듣기 노트

○ M: X 남: 반대
  1. X all computers need replaced 모든 컴퓨터가 교체될 필요 없음
○   – most fine for academic purposes 대부분 학업 목적으로는 괜찮음
  2. a lot stud. bring laptops 많은 학생들이 노트북을 가져옴
○   – need ↑ outlets 더 많은 콘센트가 필요함

스크립트 및 해석 Q2_4

Reading

The university plans to replace the library's computers with new ones. You will have 45 seconds to read the announcement. Begin reading now.

대학은 도서관의 컴퓨터를 새것으로 교체할 계획입니다. 공지를 읽는 데 45초가 주어질 것입니다. 이제 읽기 시작하세요.

새로운 도서관 컴퓨터

대학은 도서관 컴퓨터를 새것으로 교체하려고 계획하고 있습니다. 도서관 직원은 학생들로부터 현재 컴퓨터들의 느린 속도와 구식 하드웨어에 대해 많은 항의를 받아 왔습니다. 그러므로 대학은 새 컴퓨터를 제공하기로 결정하였습니다. 현재 컴퓨터들은 2주 이내에 교체될 것입니다. 비록 단기적으로는 비용이 많이 들더라도, 대학 행정 관리자들은 도서관의 미래에 가치 있는 투자라고 믿습니다. 우리는 학생들이 대학의 결정에 만족하길 바랍니다.

replace[ripléis] 교체하다　**complaint**[kəmpléint] 항의　**current**[kə́:rənt] 현재의

Listening

Now listen to two students as they discuss the announcement.
이제 공지에 대해 토의하는 두 학생의 대화를 들어보세요.

> W: I think it's a good idea. Those computers are way too old.
> M: Well, I disagree. I don't think it's worth the money. Not all of the computers really need to be replaced. Most of them are fine for academic purposes, like printing, word processing, and online research . . . I go to the library often and sure, they're not that fast. But they're fine as long as students aren't downloading large files.
> W: Yeah. I guess it'd be expensive to replace all of the computers . . .
> M: Uh-huh. Also, a lot of students bring their own laptops to school.
> W: Hmm . . . that's true. I certainly do.
> M: It's much more convenient to use laptops than the computers at the library. You know . . . what students really need is more outlets at the library, not new computers. It's so frustrating when my laptop battery dies before I can finish an assignment.

여: 난 그게 좋은 생각인 것 같아. 그 컴퓨터들은 너무 오래됐어.
남: 음, 난 동의하지 않아. 난 그게 그 돈 만큼의 가치가 있다고 생각하지 않아. 모든 컴퓨터가 정말로 교체될 필요가 있는 건 아니야. 대부분의 컴퓨터는 인쇄, 워드 작업, 온라인 검색과 같은 학업 목적으로는 괜찮아... 난 도서관에 자주 가는데, 물론 그것들이 그리 빠르진 않아. 하지만 학생들이 대용량 파일을 내려받지 않는 한 괜찮아.
여: 맞아. 모든 컴퓨터를 교체하는 게 비싸긴 하겠다...
남: 으응. 또한, 많은 학생들은 학교에 자신의 노트북을 가져와.
여: 흠... 사실이야. 나도 확실히 그래.
남: 도서관에서 컴퓨터보다는 노트북을 사용하는 게 훨씬 더 편리해. 있지... 학생들이 정말로 필요로 하는 건 도서관에 더 많은 콘센트지, 새로운 컴퓨터가 아니야. 과제 하나를 끝낼 수 있기 전에 노트북 배터리가 방전되면 매우 좌절감을 준다고.

The man expresses his opinion regarding the announcement. State his opinion and explain the reasons he gives for expressing that opinion.
남자는 공지에 대한 의견을 표명합니다. 남자의 의견을 말하고 그러한 의견을 표명하는 이유를 설명하세요.

academic[æ̀kədémik] 학업의　**outlet**[áutlet] (전기) 콘센트　**frustrating**[frʌ́streitiŋ] 좌절감을 주는

COURSE 03 | 노트 바탕으로 말하기

HACKERS PRACTICE   p.68

01 읽기 노트

> charge fine for littering 쓰레기 버리는 데 벌금 부과
> — fine of $20 20달러 벌금

듣기 노트

> W: O 여: 찬성
> 1. effective way 효과적인 방법
>   — campaign → still cigarette butts & trash 캠페인을 벌였지만 여전히 담배꽁초와 쓰레기
> 2. $ needed to improve campus 교내를 개선하기 위해 돈이 필요함
>   — lecture rooms repairs & new facilities 강의실 수리와 새로운 시설

말하기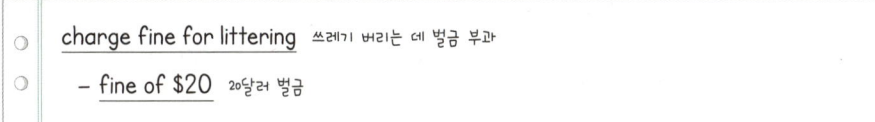

주제

① **According to the reading**, / the university has decided to ② **charge a fine** / for littering on campus property.

화자의 의견

③ **The woman thinks it is a good idea** / **for two reasons**.

이유 1 + 부연 설명

④ **First, / she says that** charging a fine / is an effective way to get people to stop littering.

This is because / the university has run several no-litter campaigns, / but ⑤ there are still a lot of cigarette butts and trash everywhere.

이유 2 + 부연 설명

⑥ **Second, / she mentions that** the money from the fines is needed / to improve the campus.

This is because / ⑦ some lecture rooms need repairs / and the students really need to have some new facilities.

해석   읽기 지문에 따르면, 대학은 교내 부지에 쓰레기를 버리는 데 벌금을 부과하기로 결정했다.
여자는 두 가지 이유 때문에 그것이 좋은 의견이라고 생각한다.
첫째로, 여자는 벌금을 부과하는 것이 사람들이 쓰레기 버리는 것을 멈추도록 할 수 있는 효과적인 방법이라고 말한다.
이는 대학이 여러 번 쓰레기 버리지 않기 캠페인을 벌였지만, 여전히 모든 곳에 담배꽁초와 쓰레기가 많기 때문이다.
둘째로, 그녀는 교내를 개선하기 위해 벌금으로부터 모인 돈이 필요하다고 말한다.
이는 몇몇 강의실은 수리가 필요하고 학생들은 정말 새로운 시설을 가질 필요가 있기 때문이다.

스크립트 및 해석 Q2_5

Reading

The university has made a decision regarding littering on campus. You will have 45 seconds to read the announcement. Begin reading now.
대학은 교내에 쓰레기 버리는 것과 관련된 결정을 하였습니다. 공지를 읽는 데 45초가 주어질 것입니다. 이제 읽기 시작하세요.

교내 쓰레기 버리는 것에 대한 벌금

대학은 교내 부지에 쓰레기를 버리는 데에 벌금을 부과하기 시작하기로 결정하였습니다. 이 결정은 학생들이 쓰레기와 담배꽁초를 제대로 처리하지 않은 사실에 대한 결과입니다. 6월 1일에 시작하여, 쓰레기를 버리다가 적발되는 학생들에게는 20달러의 벌금이 부과될 것입니다. 대학 행정당국은 이 새로운 조치가 학생들이 교내를 깨끗이 유지하도록 장려할 것이라 낙관하고 있습니다. 이 벌금으로 모인 돈은 대학 전체의 시설을 개선하는 데 사용될 것입니다.

charge[tʃɑːrdʒ] 부과하다, 청구하다 fine[faɪn] 벌금 litter[lítər] (쓰레기 등)을 버리다 dispose of 처리하다
make improvement 개선하다

Listening

Now listen to two students as they discuss the announcement.
이제 공지에 대해 토의하는 두 학생의 대화를 들어보세요.

> W: Hey, Jack, what are you reading there?
> M: It's an announcement about a new littering policy that was just introduced. They're going to start charging a $20 fine . . .
> W: Oh yeah. I read that. I actually think it's a good move by the university because the campus really needs to be cleaned up.
> M: Come on. You can't be serious.
> W: I am! Well, first, charging a fine is a pretty effective way to get people to stop littering. Think about what has happened in the past. The university has run several no-litter campaigns, but they haven't worked at all. They didn't stop people from littering, so there are still a lot of cigarette butts and trash everywhere.
> M: I guess I can't argue with you there. There are plenty of areas that could be cleaner.
> W: Also, the university will be able to collect money from the fines . . . which is needed to improve the campus. I mean, it's obvious that some of the lecture rooms need repairs because they're in pretty bad shape, and we really need some new facilities.

여: 안녕, Jack, 거기서 뭘 읽고 있니?
남: 막 시행된 쓰레기 버리는 것과 관련된 새 정책에 대한 공지야. 20달러의 벌금을 부과할 거래...
여: 아, 그렇구나. 나도 읽었어. 난 사실 학교가 잘한 일이라고 생각해, 캠퍼스는 정말로 청소되어야 할 필요가 있거든.
남: 왜 이래. 설마 진심은 아니겠지.
여: 진심이야! 음, 먼저, 벌금을 부과하는 것은 사람들이 쓰레기 버리는 것을 멈추게 할 수 있는 꽤 효과적인 방법이야. 예전에 일어났던 일을 생각해 봐. 대학은 여러 번 쓰레기 버리지 않기 캠페인을 벌였지만, 전혀 소용이 없었어. 사람들이 쓰레기 버리는 것을 막지 못했고, 여전히 모든 곳에 담배꽁초와 쓰레기가 많잖아.
남: 그 점에서는 네 말에 반박할 수 없을 것 같다. 더 깨끗해질 수 있는 공간이 많긴 하지.
여: 또한, 대학은 벌금으로부터 돈을 모을 수 있을 텐데... 그 돈은 교내를 개선하기 위해 필요해. 내 말은, 몇몇 강의실은 상태가 상당히 안 좋기 때문에 수리가 필요한 게 분명하고, 우리는 정말로 새로운 시설이 필요하잖아.

The woman expresses her opinion regarding the announcement made by the university. State her opinion and explain the reasons she gives for expressing that opinion.

여자는 대학의 공지에 대한 의견을 표명합니다. 여자의 의견을 말하고 그러한 의견을 표명하는 이유를 설명하세요.

argue[ɑ́:rgju:] 반박하다   repair[ripɛ́ə:r] 수리   facility[fəsíləti] 시설

02 읽기 노트

- conven. store: open 24 hr. during final exam 기말고사 동안 편의점을 24시간 영업
  - leave campus to buy refresh. → waste time 다과를 사러 교내를 떠나면 시간 낭비

듣기 노트

- W: X 여: 반대
  1. X necessary 필요하지 않음
     - open ~ 9 p.m., plenty time 오후 9시까지 영업함, 시간이 많음
  2. distracting 산만하게 함
     - pass in & out → prevent focus 들락날락하는 것은 집중을 방해함

말하기 🎙 🎧 Q2_8

주제

According to the reading, / the student thinks / that the convenience store should ① stay open 24 hours per day / during the final exam period.

화자의 의견

The woman does not think it is a good idea / for two reasons.

이유 1 + 부연 설명

First, / she says that it is ② not necessary.

This is because / ③ the store stays open until 9 p.m., / and students ④ have plenty of time to buy snacks and beverages / before it closes.

이유 2 + 부연 설명

Second, / she mentions that having the store open all night / ⑤ would be very distracting for students who are studying.

This is because / people would continually pass ⑥ in and out of the reading rooms / to go to the store, / which could ⑦ prevent others from focusing on their work.

해석 읽기 지문에 따르면, 학생은 편의점이 기말고사 기간 동안 하루에 24시간 영업해야 한다고 생각한다.
여자는 두 가지 이유 때문에 그것이 좋은 의견이라고 생각하지 않는다.
첫째로, 그녀는 그것이 필요하지 않다고 말한다.
이는 가게가 오후 9시까지 영업을 하고, 학생들은 가게가 닫기 전에 간식과 음료를 살 시간이 많기 때문이다.

둘째로, 그녀는 가게를 밤새도록 여는 건 공부하는 학생들을 산만하게 할 것이라고 말한다.

이는 사람들이 가게에 가기 위해 계속해서 열람실을 들락날락할 것이고, 그것은 다른 이들이 학업에 집중하는 걸 방해할 수 있기 때문이다.

스크립트 및 해석 Q2_7

Reading

The student council has received a letter from a student regarding the opening hours of the convenience store. You will have 45 seconds to read the letter. Begin reading now.

학생회는 편의점의 운영시간과 관련하여 한 학생으로부터 편지를 받았습니다. 편지를 읽는 데 45초가 주어질 것입니다. 이제 읽기 시작하세요.

학생회에,

저는 도서관 밖의 편의점이 기말고사 기간 동안 하루에 24시간 영업해야 한다고 생각합니다. 이 바쁜 시기 동안, 많은 학생들은 공부하기 위해 밤을 새웁니다. 당연히 그들은 배가 고파지고, 계속 견디게 해줄 다과가 필요합니다. 편의점은 오후 9시에 닫기 때문에, 학생들은 다과를 사러 교내를 떠나야 합니다. 불행히도, 학교 밖에서 가장 가까운 상점은 걸어서 15분 거리에 떨어져 있어서, 그곳에 갔다 오는 것은 소중한 공부 시간을 낭비하는 것입니다.

Phillip Dumas 드림

student council 학생회   convenience store 편의점   refreshment[rifréʃmənt] 다과, 가벼운 식사

Listening

Now listen to two students as they discuss the letter.

이제 편지에 대해 토의하는 두 학생의 대화를 들어보세요.

M: I think the student council should seriously consider that student's recommendation.
W: Hmm . . . I'm surprised to hear you say that because, well, I don't see it that way.
M: But don't you ever get hungry and crave a snack when you need to stay up studying for your exams?
W: Sure I do, but I disagree with the suggestion that the store needs to remain open all the time. First of all, it's not necessary since the store already stays open till 9 p.m. every night . . . That's pretty late. If they plan ahead properly, students have plenty of time to buy whatever snacks and beverages they need before it closes.
M: I suppose that's true. But I have to say, it'd be nice to have the option of making a last-minute trip to the store, though, don't you think?
W: Maybe . . . but on the other hand, having the store open all night would be really distracting for the students who are studying. People would continually pass in and out of the reading rooms to go to the store, which could prevent others from focusing on their work. All that movement would be a huge disturbance to them.

남: 난 학생회가 그 학생의 권고를 진지하게 고려해야 한다고 생각해.
여: 흠... 네가 그런 말을 하다니 놀라운걸, 왜냐하면, 글쎄, 나는 그렇게 생각하지 않거든.
남: 하지만 시험공부를 하느라 깨어있어야 할 때 배고파서 간식을 먹지 않아?
여: 물론 그렇긴 하지만, 가게가 그 시간 내내 문을 열어야 한다는 제안에는 반대야. 우선, 가게가 이미 매일 오후 9시까지 영업하기 때문에 필요하지 않아... 꽤 늦은 시간이잖아. 미리 제대로 계획한다면, 학생들은 가게가 닫기 전에 필요한 간식과 음료를 뭐든지 살 시간이 많아.
남: 그건 사실이야. 하지만 말이야, 가게에 바로 갈 수 있는 선택사항을 갖는 게 좋을 것이란 생각이 들지 않아?
여: 글쎄... 하지만 한편으로는, 가게를 밤새도록 여는 건 공부하는 학생들을 정말로 산만하게 할 거야. 사람들은 가게에 가기 위해 계속해

서 열람실을 들락날락할 거고, 그건 다른 이들이 학업에 집중하는 걸 방해할 수 있어. 그런 모든 움직임이 그들에게 큰 방해가 될 거야.

The woman expresses her opinion regarding the student's letter. State her opinion and explain the reasons she gives for expressing that opinion.
여자는 학생의 편지에 대한 의견을 표명합니다. 여자의 의견을 말하고 그러한 의견을 표명하는 이유를 설명하세요.

consider[kənsídər] 고려하다 **recommendation**[rèkəmendéiʃən] 권고, 추천 **plan ahead** 미리 계획하다
beverage[bévəridʒ] 음료 **distracting**[distræktiŋ] 산만하게 하는

03 읽기 노트

○ new downtown bus service 새 시내버스 편
○ — begin next week, $2 & 8 a.m. ~ 8 p.m. 다음 주에 시작, 2달러 & 오전 8시부터 오후 8시까지

듣기 노트

○ M: O 남: 찬성
  1. useful 유용함
○   — city bus service: X stop often 도시 버스 편은 자주 서지 않음
  2. save $ 돈 절약
○   — take taxis downtown → expensive, $7 시내까지 택시 타면 비쌈, 7달러

말하기 Q2_10

주제

According to the reading, / the university has announced / that ① <u>a new downtown bus service</u> / will begin operating next week.

화자의 의견

The man thinks it is a good idea / for two reasons.

이유 1 + 부연 설명

First, / **he says that** ② <u>it will be very useful</u> / for the students.

This is because / there is a city bus service downtown, / but ③ <u>buses don't stop by campus very often</u>.

이유 2 + 부연 설명

Second, / **he mentions that** ④ <u>students will be able to save a lot of money</u>.

This is because / many people ⑤ <u>take taxis</u> / when they need to go downtown, / but ⑥ <u>it is very expensive</u> at seven dollars a trip.

해석   읽기 지문에 따르면, 대학은 다음 주에 새로운 시내버스 편이 운행을 시작할 것을 공지하였다.
남자는 두 가지 이유 때문에 그것이 좋은 의견이라고 생각한다.
첫째로, 그는 그것이 학생들에게 매우 유용할 것이라고 말한다.
이는 시내에 도시 버스 편이 있지만, 버스들이 교내에 아주 자주 서지는 않기 때문이다.
둘째로, 그는 학생들이 많은 돈을 절약할 수 있을 것이라고 말한다.
이는 많은 사람들이 시내에 갈 필요가 있을 때 택시를 타지만, 한 번 타는 데 7달러로 매우 비싸기 때문이다.

스크립트 및 해석   Q2_9

Reading

The university has made an announcement about a new downtown bus service. You will have 45 seconds to read the announcement. Begin reading now.
대학은 새로운 시내버스 편에 대해 공지하였습니다. 공지를 읽는 데 45초가 주어질 것입니다. 이제 읽기 시작하세요.

새로운 시내버스 편
대학은 다음 주에 새로운 시내버스 편이 운행을 시작한다는 것을 공지하고자 합니다. 그 노선은 교내 학생회관 앞에서 시작하여 도심 지역을 지날 것입니다. 정거장은 시청, Midway 공원, 그리고 Skyline 쇼핑몰 같은 지역 명소를 포함할 것입니다. 편도 요금은 2달러일 것이며, 학생들은 학생회관에서 티켓을 구매할 수 있을 것입니다. 버스는 매일 운행되며 오전 8시부터 오후 8시까지 15분마다 교내를 떠날 것입니다.

downtown[dàuntáun] 시내의   attraction[ətrǽkʃən] 명소   one-way 편도의   depart[dipá:rt] 떠나다

Listening

Now listen to two students as they discuss the announcement.
이제 공지에 대해 토의하는 두 학생의 대화를 들어보세요.

M: I'm all for the new downtown bus service! What a fantastic idea!
W: Right, I just heard about it myself. You seem very excited by the news.
M: I am! For one thing, it'll be very useful for the students. I mean, currently there's a city bus service downtown, but buses don't stop by campus that often. This has been a huge pain if you ask me. For example, there was one time when I waited over an hour for a city bus! Talk about a waste of time!
W: Yeah, this new bus service will be more useful for sure. Students are always complaining that they're stuck on campus and wishing that it were easier to get downtown.
M: Yup. Another thing is, students will be able to save a lot of money on transportation. Many people take taxis whenever they need to go downtown. Sure, it's convenient, but it's also very expensive . . . It's usually seven dollars for a one-way trip! So if you go downtown very often, that really adds up. Students will be able to save at least five dollars by taking the bus instead.
W: Saving money is a big benefit. It's not like the average college student has a lot of extra money . . .
M: Definitely . . . That includes me. I'm always happy to reduce my expenses.

남: 나는 새로운 시내버스 편에 전적으로 동의해! 정말 멋진 아이디어야!
여: 맞아, 나도 방금 그걸 들었어. 너 그 소식 때문에 굉장히 신난 것 같구나.
남: 맞아! 우선, 학생들에게 매우 유용할 거야. 내 말은, 지금도 시내에 도시 버스가 있지만, 버스들이 교내에 그리 자주 서지 않아. 나는 엄청 불편했었거든. 예를 들자면, 한 번은 시내버스를 한 시간도 넘게 기다렸어! 완전 시간 낭비라니까!

여: 그래, 새로운 버스 편은 분명히 더 유용하겠지. 학생들은 교내에 갇혀 있다고 항상 불평하면서 시내에 가는 게 더 쉬워지면 좋겠다고 바랐잖아.
남: 맞아. 또 다른 이유는, 학생들은 많은 교통비를 절약할 수 있을 거라는 거야. 많은 사람들이 시내에 갈 필요가 있을 때마다 택시를 타잖아. 물론, 편리하긴 하지만, 그건 또한 굉장히 비싸지… 보통 한 번 타는 데 7달러라니! 그래서 시내에 아주 자주 나간다면, 이득이 더 많을 거야. 대신 버스를 타면 학생들은 최소 5달러를 절약할 수 있을 거야.
여: 돈이 절약되는 건 큰 이득이지. 평균적인 대학생은 여윳돈이 많지 않으니까…
남: 당연하지… 그건 나도 그래. 나는 지출을 줄일 수 있다면 언제든 좋아.

The man expresses his opinion regarding an announcement about the new downtown bus service. State his opinion and explain the reasons he gives for expressing that opinion.
남자는 새로운 시내버스 관련 공지에 대한 의견을 표명합니다. 남자의 의견을 말하고 그러한 의견을 표명하는 이유를 설명하세요.

stuck[stʌk] 갇힌 convenient[kənvíːnjənt] 편리한 definitely[défənitli] 당연히, 분명히

04 읽기 노트

- grad. performance for music maj. should be held outdoors
  음악 전공자들의 졸업 공연은 야외에서 열려야 함
- – easier to find, ↑ comfortable 찾기 더 쉬움, 더 편안함

듣기 노트

M: X 남 반대
1. hall: X trouble finding 강당 찾는 데 문제없음
   – campus maps, parking attend. give direct. 대학 지도, 주차 요원들이 위치 알려줌
2. X more comfortable 더 편안하지 않음
   – terrible if cold or windy & rainy ↔ hall: warm & dry
   춥거나 바람 불고 비 오면 끔찍하지만 강당은 따뜻하고 건조함

말하기 Q2_12

주제

According to the reading, / ① the graduation performance for music majors / should be held outdoors.

화자의 의견

The man does not think it is a good idea / for two reasons.

이유 1 + 부연 설명

First, / he says that ② visitors will not have trouble / finding the event hall.

This is because / there are campus maps / and ③ parking attendants who can give directions to people.

이유 2 + 부연 설명

Second, / he mentions that ④ it's not true / that being outdoors is more comfortable.

This is because / ⑤ it will be terrible / if the weather gets cold / or windy and rainy. ⑥ However, / the graduation hall is warm and dry.

해석   읽기 지문에 따르면, 음악 전공자들의 졸업 공연은 야외에서 개최되어야 한다.
남자는 두 가지 이유 때문에 그것이 좋은 의견이라고 생각하지 않는다.
첫째로, 그는 방문객들이 강당을 찾는 데 문제가 없을 것이라고 말한다.
이는 대학 지도가 있고 사람들에게 위치를 알려줄 수 있는 주차 요원들이 있기 때문이다.
둘째로, 그는 야외가 더 편안하다는 것은 사실이 아니라고 말한다.
이는 만약 날씨가 춥거나 바람 불고 비가 온다면 끔찍할 것이기 때문이다. 하지만, 졸업식 강당은 따뜻하고 건조하다.

스크립트 및 해석 🎧 Q2_11

Reading

A student has written a letter to the school newspaper about this year's graduation performance. You will have 50 seconds to read the letter. Begin reading now.

한 학생이 올해의 졸업 공연에 대해 학교 신문에 편지를 썼습니다. 편지를 읽는 데 50초가 주어질 것입니다. 이제 읽기 시작하세요.

편집장님께,
저는 올해의 음악 전공자들의 졸업 공연이 야외인, 대학의 주 잔디장에서 개최되어야 한다고 생각합니다. 한 이유로 방문객들이 장소의 위치를 찾기가 더 쉬울 것입니다. 강당은 대학의 외진 곳에 있어서 방문객들이 찾아오기 어려울지도 모릅니다. 또 다른 장점으로는 사람들이 자연으로 나가는 것이 훨씬 더 편안할 수 있다는 것입니다. 졸업식 강당은 낡은 시설이라 정말로 숨이 막힙니다. 반대로, 주 잔디장은 공기가 맑고 훨씬 더 쾌적합니다.

Travis Braun 드림

venue[vénju:] 장소

Listening

Now listen to two students as they discuss the letter.
이제 편지에 대해 토의하는 두 학생의 대화를 들어보세요.

> W: Did you see the letter to the editor in today's paper?
> M: Yes, and I have to say that I don't see his point. I don't think visitors will have any trouble finding the event hall.
> W: But wouldn't it be hard for people visiting campus for the first time?
> M: Not at all. There are maps all over campus as well as parking attendants who can give directions to people.
> W: Yeah, it might not take much time or effort to find it . . .
> M: Also, it's not necessarily true that being outdoors is more comfortable. That's only true on a nice day . . . but, I mean, weather is unpredictable.
> W: Hmm . . . that's a good point.
> M: Right? It will be terrible to be outside if the weather suddenly gets cold . . . or windy and rainy. However, at least the graduation hall is warm and dry. So, in fact it is very possible that the event hall would be more comfortable, not less. You know? Anyway . . .

I've been to several events there and found the environment quite satisfying. It's just not an issue.
W: When you describe it like that, it doesn't seem like a big deal after all.

여: 오늘 자 신문에 편집장에게 쓴 편지 봤니?
남: 응, 그리고 나는 그의 요점을 이해하지 못하겠어. 나는 방문객들이 강당을 찾는 데 문제가 있을 거라고 생각하지 않아.
여: 하지만 학교를 처음 방문하는 사람들한테는 어렵지 않을까?
남: 전혀 그렇지 않아. 학교 주변에는 사람들에게 위치를 알려줄 수 있는 주차 요원들뿐만 아니라 대학 지도가 있잖아.
여: 응, 찾는 데 많은 시간이나 노력이 들지 않을 수도 있겠네...
남: 또한 야외가 반드시 더 편한 것만은 아니야. 화창한 날에만 그렇겠지... 그런데, 내 말은, 날씨는 예측할 수 없다는 거야.
여: 흠... 좋은 지적이네.
남: 그렇지? 만약 날씨가 갑자기 춥거나... 바람 불고 비가 오기라도 한다면 야외에 있는 것이 끔찍할 거야. 하지만 적어도 졸업식 강당은 따뜻하고 건조하잖아. 그래서 사실 강당이 더 편안할 가능성이 커. 알잖아. 어쨌든... 나는 거기서 하는 여러 행사를 가본 적이 있는데 환경이 꽤 만족스러웠어. 별로 문제가 되지 않아.
여: 너가 그렇게 이야기하니까 결국 큰 문제는 아닌 것 같네.

The man expresses his opinion regarding the letter. State his opinion and explain the reasons he gives for expressing that opinion.
남자는 편지에 대한 그의 의견을 표명합니다. 남자의 의견을 말하고 그러한 의견을 표명하는 이유를 설명하세요.

unpredictable[ʌ̀npridíktəbl] 예측할 수 없는 satisfying[sǽtisfàiiŋ] 만족스러운

HACKERS TEST

p.76

01 읽기 노트

○ mandatory public speaking course 의무적인 대중 연설 강의
○ – political science stud., 3 credits 정치학과 학생, 3학점

듣기 노트

○ M: X 남: 반대
  1. X many need 많은 이들이 필요로 하지 않음
○   – practice during class 수업에서 연습함
  2. better take courses useful 유용한 강의를 수강하는 것이 더 나음
○   – practical courses, miss 1 실용적인 강의가 있지만 하나를 놓침

말하기 Q2_14

주제

According to the reading, / ① **the Political Science Department** / **is establishing a mandatory public speaking course.**

화자의 의견

The man does not think it is a good idea / for two reasons.

이유 1 + 부연 설명

First, / he says that ② not many students need it.

This is because / ③ they practice speaking in front of people / during class discussions.

이유 2 + 부연 설명

Second, / he mentions that ④ it's better to take courses that will be useful.

This is because / ⑤ many practical courses are offered by the department, / ⑥ but students might miss out on one of them by taking the course.

For these reasons, / he believes it is not a great idea.

해석 읽기 지문에 따르면, 정치학과는 의무적인 대중 연설 강의를 개설할 것이다.
남자는 두 가지 이유 때문에 그것이 좋은 의견이라고 생각하지 않는다.
첫째로, 그는 많은 학생들이 그것을 필요로 하지는 않는다고 말한다.
이는 그들이 수업 토론에서 사람들 앞에서 말하는 것을 연습하기 때문이다.
둘째로, 그는 유용할 강의들을 수강하는 것이 더 낫다고 말한다.
이는 학과에서 많은 실용적인 강의가 제공되지만, 학생들은 그 강의를 들음으로써 그것들 중 하나를 놓칠지도 모르기 때문이다.
이러한 이유로, 그는 그것이 좋은 의견이 아니라고 생각한다.

스크립트 및 해석 Q2_13

Reading

The university has made a decision regarding a mandatory public speaking course for political science students. You will have 50 seconds to read the announcement. Begin reading now.

대학은 정치학과 학생들을 위한 의무적인 대중 연설 강의와 관련된 결정을 내렸습니다. 공지를 읽는 데 50초가 주어질 것입니다. 이제 읽기 시작하세요.

의무적인 대중 연설 강의
정치학과는 최근 의무적인 대중 연설 강의를 개설하기로 결정을 내렸습니다. 내년을 시작으로 모든 정치학과 학생들은 이 강의를 수강하도록 요구받을 것입니다. 이 결정은 많은 학생들이 대중 연설에 어려움을 겪기 때문에 내려졌습니다. 오늘날, 대중 연설을 잘하는 사람이 되는 것은 필수적인 생활 기술로 여겨집니다. 그것은 다양한 직업에서의 성공에 있어 중요합니다. 그러므로, 이 강의의 목표는 청중 앞에서 말할 때 학생들의 자신감을 향상시키기 위함입니다. 이 강의의 요건을 충족시킨 후에 학생들은 그들 학위에 3학점을 받게 될 것입니다.

mandatory[mǽndətɔ̀ːri] 의무적인 public speaking 대중 연설 struggle with ~에 어려움을 겪다 essential[isénʃəl] 필수적인 aim[eim] 목표 confidence[kánfidəns] 자신감

Listening

Now listen to two students as they discuss the announcement.
이제 공지에 대해 토의하는 두 학생의 대화를 들어보세요.

> M: I'm not so sure that a public speaking course is really necessary for everyone in the department.

W: Really? I think students would gain a lot from it. I know some people who get really nervous when they have to do presentations in front of an audience.
M: Well, that might be true for some, but not many students really need it, in my opinion . . . especially those of us in the Political Science Department. We practice speaking in front of people all the time during class discussions. We get plenty of experience that way.
W: True. Well . . . I also thought it'd be an easy way to get three credits.
M: Perhaps . . . Here's something to consider, though. When it comes to earning credits, it's better to take courses that will actually be useful to us.
W: Um . . . I suppose it is better to do that.
M: Many practical courses are offered by the department that will come in handy after graduation when we're out in the working world. But students might miss out on one of them by taking this course, which they may not truly need.

남: 나는 학부의 모든 학생들에게 대중 연설 강의가 정말 필요한 것인지 확신이 안 서.
여: 정말? 나는 학생들이 그 수업에서 많은 것을 얻을 것이라 생각해. 나는 청중들 앞에서 발표해야 할 때 정말 긴장하는 몇몇 사람들을 알거든.
남: 글쎄... 몇몇에게는 그렇겠지만, 내 생각에는, 많은 학생들에게는 그것이 정말 필요할 것 같지 않아... 특히 우리 같은 정치학과 학생들은 말이야. 우리는 수업 토론에서 사람들 앞에서 말하는 것을 항상 연습하니까. 그런 식으로 우리는 충분한 경험을 얻잖아.
여: 사실이야. 음... 또한 나는 그것이 3학점을 얻는 쉬운 방법이 될 것으로 생각했어.
남: 아마도... 하지만 고려해야 할 점이 있어. 학점 취득을 하려면, 우리에게 실제로 유용할 과목들을 수강하는 것이 더 낫다는 거야.
여: 음... 그렇게 하는 게 나을 것 같네.
남: 학과에서는 졸업 후에 우리가 직업 세계로 나갔을 때 쓸모 있을 많은 실용적인 강의들이 제공돼. 하지만 학생들은 사실 필요하지 않을 수도 있는 이 강의를 들음으로써 그것들 중 하나를 놓칠지도 모르지.

The man expresses his opinion regarding a mandatory public speaking course. State his opinion and explain the reasons he gives for expressing that opinion.
남자는 의무적인 대중 연설 강의에 대한 그의 의견을 표명합니다. 남자의 의견을 말하고 그러한 의견을 표명하는 이유를 설명하세요.

nervous[nə́ːrvəs] 긴장하는   presentation[prèzəntéiʃən] 발표   practical[prǽktikəl] 실용적인   come in handy 쓸모가 있는
miss out on (유익하거나 즐거운 것을) 놓치다

02 읽기 노트

- auditorium needs renovated 강당이 보수되어야 함
- - small, X advanced 작음, 고성능 아님

듣기 노트

- W: X 여: 반대
  - 1. current seats enough 현재 좌석 수 충분함
    - X many occasions to accommo. a lot & events over 200
      많이 수용해야 할 경우와 200명 넘는 행사가 많지 않음
  - 2. use $ for other 돈을 다른 데 사용
    - theater: limited seats, ticket sold out 극장: 제한된 좌석과 티켓 매진

말하기 🎤 🎧 Q2_16

주제

According to the reading, / ① a professor thinks that the auditorium needs to be renovated.

화자의 의견

The woman does not think it is a good idea / for two reasons.

이유 1 + 부연 설명

First, / **she says that** ② the current number of seats is enough.

③ This is because / there are not many occasions / when the auditorium has to accommodate lots of people. To be specific, / ④ there are few events / with over 200 students.

이유 2 + 부연 설명

Second, / **she mentions that** ⑤ the university should use the money / for other purposes.

⑥ This is because / the theater needs to be enlarged. It is almost impossible to watch a show / ⑦ because seats are limited and tickets sell out quickly.

For these reasons, / she believes it is not a great idea.

해석 읽기 지문에 따르면, 한 교수는 강당이 보수될 필요가 있다고 생각한다.
여자는 두 가지 이유 때문에 그것이 좋은 의견이라고 생각하지 않는다.
첫째로, 그녀는 현재의 좌석 수가 충분하다고 말한다.
이는 강당이 많은 사람들을 수용해야 할 경우가 많지 않기 때문이다. 구체적으로, 200명 이상의 학생이 있는 행사는 거의 없다.
둘째로, 그녀는 대학이 그 돈을 다른 용도로 써야 한다고 말한다.
이는 교내 극장이 확장될 필요가 있기 때문이다. 좌석이 제한되어 있고 티켓은 빨리 매진되기 때문에 공연을 보는 것이 거의 불가능하다.
이러한 이유 때문에, 그녀는 그것이 좋은 의견이 아니라고 생각한다.

스크립트 및 해석 🎧 Q2_15

Reading

A professor has written a letter to the school newspaper about renovations to the auditorium. You will have 50 seconds to read the letter. Begin reading now.

한 교수가 강당 보수에 대해 학교 신문에 편지를 썼습니다. 편지를 읽는 데 50초가 주어질 것입니다. 이제 읽기 시작하세요.

편집장님께,
저는 강당이 정말로 보수될 필요가 있다고 생각합니다. 저는 이 대학에서 20년 동안 가르쳐 왔습니다. 그 시간 동안, 우리 학생 수는 증가하였습니다. 그 결과, 현재의 강당은 너무 작고 200명이 넘는 학생들을 포함하는 행사들을 수용할 수 없습니다. 더욱이, 강당은 더 최첨단 장비들로 개선되어야 할 필요가 있습니다. 현재의 장치는 행사 동안 온라인 콘텐츠를 포함할 정도로 고성능이지 않습니다. 이 보수는 가능한 빨리 완료되어야 한다고 생각합니다. 그렇게 되면 우리는 훨씬 더 많은 사람을 유치하는 행사들을 개최할 수 있을 것입니다.
Martha Davis 박사

auditorium [ɔ̀:ditɔ́:riəm] 강당   renovate [rénəvèit] 보수하다   accommodate [əkάmədèit] 수용하다

high-tech 최첨단의   advanced [ədvǽnst] 고성능의, 고급의

Listening

Now listen to two students as they discuss the letter.
이제 편지에 대해 토의하는 두 학생의 대화를 들어보세요.

> W: I'm not convinced that renovating the auditorium will benefit the students in any meaningful way.
> M: But if the space really is too small to hold many students like the professor said . . .
> W: No, trust me on this. The current number of seats that the auditorium has is more than enough.
> M: Oh? Why do you say that?
> W: Well, think about it for a minute. There aren't very many occasions when the auditorium has to accommodate lots of people.
> M: Hmm . . . I guess I haven't really been there enough to notice . . .
> W: There are few events with over 200 students . . . It's basically only graduation ceremonies. And even if there were more large events, the Woods Building on the east side of campus has a couple of rooms that events of that size can take place in.
> M: Yeah. I see what you mean. The rooms over there are pretty big.
> W: Besides, the university should use the money for other purposes . . . not for renovating the auditorium.
> M: What exactly did you have in mind?
> W: Well, for example, the campus theater needs to be enlarged to accommodate more people. As it is right now, it's almost impossible to watch a show there because seats are limited and tickets sell out quickly.

여: 나는 강당을 보수하는 것이 학생들에게 조금이라도 유익할지 확신이 안 서.
남: 하지만 교수님 말씀대로 만약 그 공간이 정말로 너무 작아서 많은 학생들을 수용할 수 없다면…
여: 아냐, 이것에 관해서는 날 믿어. 현재 강당의 좌석 수는 충분한 것 이상이야.
남: 오? 왜 그런 건데?
여: 음, 잠깐 생각해봐. 강당이 많은 사람을 수용해야 할 경우가 그리 많지 않잖아.
남: 흠… 나는 알아챌 만큼 거기에 가본 것 같지 않아…
여: 200명이 넘는 학생들이 있는 행사는 거의 없어… 기본적으로 졸업식뿐이야. 그리고 대규모 행사가 더 있다 해도, 캠퍼스 동쪽의 Woods Building에 그 규모의 행사가 열릴 수 있는 두어 군데 공간이 있어.
남: 응. 네가 무슨 말을 하는지 알겠다. 거기 강의실이 꽤 크지.
여: 게다가, 대학은 그 돈을 다른 용도에 써야 해… 강당 개조가 아니라.
남: 정확히 뭐에 관해 생각하고 있는데?
여: 음, 예를 들어, 교내 극장이 더 많은 사람을 수용할 수 있도록 확장될 필요가 있어. 지금으로서는, 좌석이 제한되어 있고 표도 빨리 매진되어 버리기 때문에 거기서 공연 보는 것은 거의 불가능하잖아.

The woman expresses her opinion regarding a professor's letter about renovations to the auditorium. State her opinion and explain the reasons she gives for expressing that opinion.
여자는 강당 보수와 관련하여 한 교수가 학교 신문에 쓴 편지에 대한 의견을 표명합니다. 여자의 의견을 말하고 그러한 의견을 표명하는 이유를 설명하세요.

benefit [bénəfit] 유익하다   **occasion** [əkéiʒən] 경우, 때   **take place in** ~에서 열리다   **have in mind** ~을 생각하다, 염두하다
enlarge [enláːrdʒ] 확장하다   **sell out** 매진되다

Q3 읽고 듣고 말하기 (2) 대학 강의

COURSE 01 | 중요 표현 익히기

HACKERS PRACTICE Q3_2
p.86

01 **The professor uses an example to explain** mimicry.
교수는 한 가지 예를 들어 의태를 설명한다.

02 **First,** he **describes how** his student did not sample enough people.
첫째로, 그는 그의 학생이 충분한 사람들을 표본 추출하지 않았음을 설명한다.

03 **Second,** she **describes** the experiment of Pasteur.
둘째로, 그녀는 Pasteur의 실험을 설명한다.

04 He **mentions that** the salesman called him.
그는 점원이 전화했다고 말한다.

05 **The professor uses a personal experience to explain** shaping.
교수는 개인적인 경험을 들어 조건 형성을 설명한다.

06 **First,** she **describes how** orchids can benefit from commensalism through shelter.
첫째로, 그녀는 난초가 서식지를 통해 편리공생으로부터 득을 볼 수 있음을 설명한다.

07 **Then,** he **describes how** the personal trainer's friends ask if he can make it to a movie.
그다음, 그는 그 개인 트레이너의 친구들이 그가 영화를 보러 갈 수 있느냐고 물어봄을 설명한다.

08 This **proved that** the microorganisms didn't come from the soup.
이는 미생물이 수프로부터 생겨나지 않았다는 것을 증명했다.

09 He **says that** she only asked students at the library.
그는 그녀가 오로지 도서관에 있는 학생들에게만 부탁했다고 말한다.

10 **According to the reading,** spontaneous generation is the generation of living matter from nonliving matter.
읽기 지문에 따르면, 자연발생은 무생물로부터 생물이 발생하는 것이다.

11 **This is because** they would answer differently from students who had enough time to take part.
이는 그들이 참여할 시간이 충분했던 학생들과 다르게 답할 것이기 때문이다.

12 **According to the reading,** buyer's remorse is a feeling of regret or doubt about a large purchase.
읽기 지문에 따르면, 구매자의 후회는 비싼 것을 구매한 것에 대한 후회나 의심의 감정이다.

COURSE 02 | 노트테이킹하기

HACKERS PRACTICE

p.92

01 읽기 노트

> reward theory of attraction 끌림의 보상 이론
>   - attracted to person reminds positive exp. 긍정적인 경험을 생각나게 하는 사람에게 끌림

듣기 노트

> 1. ask std. conver. w/ stranger 학생들에게 처음 보는 사람과 대화할 것을 요구함
>   – in hot & uncomfor. room ↔ in pleasant & comfort. room
>   덥고 불편한 방인 반면 쾌적하고 편안한 방
> 2. evaluate stranger kindness & warmth 처음 보는 사람을 친절함과 따뜻함으로 평가함
>   – comfort. room: ↑ favorable impress. 편안한 방은 더 좋은 인상 가짐

스크립트 및 해석 ◯ Q3_3

Reading

Now read the passage about the reward theory of attraction. You will have 45 seconds to read the passage. Begin reading now.

이제 끌림의 보상 이론에 관한 글을 읽어보세요. 글을 읽는 데 45초가 주어질 것입니다. 이제 읽기 시작하세요.

끌림의 보상 이론

끌림의 보상 이론은 사람들이 보상을 제공하는 관계를 좋아한다고 말한다. 이 이론이 주로 시사하는 바는 한 사람이 자신에게 긍정적인 경험을 생각나게 하는 다른 사람에게 끌림을 느낄 것이라는 것이다. 다시 말해서, 기분 좋은 사건은 끌림을 자아낼 수 있다. 끌림의 형성에 영향을 주는 많은 요인들이 있는데, 이는 분위기, 편안함, 그리고 신체적 외모를 포함한다. 이 요인들은 사람들 사이의 칭찬, 협력, 지지, 그리고 사랑의 형태로 보상을 제공한다. 이 보상은 그 후 끌림이 형성되게 한다.

reward[riwɔ́:rd] 보상   **attraction**[ətrǽkʃən] 끌림, 호감   **factor**[fǽktər] 요인   **praise**[preiz] 칭찬
cooperation[kouàpəréiʃən] 협력, 협동   **support**[səpɔ́:rt] 지지

Listening

Now listen to part of a lecture on this topic in a psychology class.

이제 심리학 수업에서 이 주제에 대한 강의의 일부를 들어보세요.

> Class, what I want to discuss today is attraction. According to one theory, attraction is caused by reward mechanisms in the brain. Now, let's look at an experiment regarding this . . . Recently, researchers at a university gathered student volunteers and separated them into two groups. They then asked the students to have a conversation with strangers. In both cases, the strangers were the same. However, the talks took place in different environments. One group was placed in a hot, uncomfortable room, while the other one was put in a pleasant, comfortable room.

At the end of each conversation, the students were asked to evaluate the strangers based on two specific personality traits that are generally considered to be attractive—kindness and warmth. The goal was to find out if the attractiveness of the strangers was affected by the different environmental conditions. And the results supported the reward hypothesis. The students in the comfortable room had a more favorable impression of the people than the students in the uncomfortable room. This is because they associated the people with a positive experience—sitting and talking under pleasant circumstances.

여러분, 오늘 제가 논의하고 싶은 것은 끌림입니다. 한 이론에 따르면, 끌림은 뇌 속의 보상 원리로 인해 야기된다고 합니다. 이제 이와 관련된 한 실험을 살펴봅시다... 최근에, 한 대학의 연구원들은 학생 지원자를 모아 그들을 두 무리로 나누었습니다. 그러고 나서 그들은 학생들에게 처음 보는 사람들과 대화할 것을 요구했죠. 두 경우 모두, 처음 보는 사람들은 같은 사람들이었습니다. 그러나, 대화는 다른 환경에서 이루어졌죠. 한 무리는 덥고 불편한 방에 있던 반면에, 다른 무리는 쾌적하고 편안한 방에 있었습니다.

각각의 대화가 끝날 때, 학생들은 대개 사람의 마음을 끌어당긴다고 여겨지는 특정 두 성격의 특징인 친절함과 따뜻함에 근거하여 처음 보는 사람을 평가할 것을 요구받았죠. 목적은 처음 보는 사람의 끌림이 다른 환경 조건에 의해 영향을 받는지 알아내는 것이었어요. 그리고 결과는 보상의 가설을 뒷받침했어요. 편안한 방에 있던 학생들은 불편한 방에 있던 학생들보다 사람들에게 더 좋은 인상을 가졌어요. 이는 그들이 사람들을 쾌적한 환경에서 앉아 이야기하는 긍정적인 경험과 연관시켰기 때문이죠.

The professor provides an example. Explain how it illustrates the concept of the reward theory of attraction.

교수는 한 가지 예를 제시합니다. 그것이 어떻게 끌림의 보상 이론의 개념을 나타내는지 설명하세요.

pleasant [plézənt] 쾌적한   evaluate [ivǽljuèit] 평가하다   personality [pə̀ːrsənǽləti] 성격, 인격
environmental [invàiərənméntl] 환경의   hypothesis [haipάθəsis] 가설   favorable [féivərəbl] 좋은
impression [impréʃən] 인상   circumstance [sə́ːrkəmstæ̀ns] 환경, 상황

02 읽기 노트

- social modeling 사회적 모델링
  - behavior ← actions of ppl. around 행동은 주변 사람들의 행동에 영향을 받음

듣기 노트

1. exp.: children observe adult w/ doll 실험: 어린이들이 인형을 가지고 노는 어른을 관찰함
   - children change behav. ← behav. of adult 어른의 행동을 바탕으로 어린이들이 행동을 바꿈
2. conseq. of observed behav. 관찰된 행동의 결과
   - determine whether/not copied 모방되는지 아닌지를 결정함

스크립트 및 해석 Q3_4

Reading

Now read the passage about social modeling. You will have 45 seconds to read the passage. Begin reading now.

이제 사회적 모델링에 대한 글을 읽어보세요. 글을 읽는 데 45초가 주어질 것입니다. 이제 읽기 시작하세요.

사회적 모델링

우리의 행동은 주변 사람들의 행동에 의해 영향을 받을 수 있으며, 이는 특히 어린이들 사이에서 두드러진다. 우리의 행동에 영향을 미치는 이러한 사람들은 종종 우리가 현실에서 존경하거나 동경하는 사람들 또는 미디어에서 보는 사람들이다. 사회적 모델링 이론에 따르면, 우리는 이러한 사람들을 '모델'로 삼음으로써 행동하는 법을 배운다. 모델의 행동을 관찰함으로써, 우리는 그들의 행동을 모방할 뿐만 아니라 우리가 관찰한 결과를 바탕으로 어떤 행동을 취할지를 선택적으로 배운다. 우리는 긍정적인 결과를 가진 행동을 모방하고 부정적인 결과를 가진 행동은 피할 가능성이 더 크다.

influence [ínfluəns] 영향을 주다 noticeable [nóutisəbl] 두드러진 admire [ædmáiər] 동경하다 imitate [ímətèit] 모방하다
selectively [siléktivli] 선택적으로 adopt [ədápt] 취하다, 채택하다 observe [əbzə́:rv] 관찰하다
consequence [kɑ́:nsəkwèns] 결과

Listening

Now listen to part of a lecture on this topic in a psychology class.

이제 심리학 수업에서 이 주제에 대한 강의의 일부를 들어보세요.

So, how social modeling works is illustrated by a famous experiment. Um, in this experiment, children were asked to observe as an adult interacted with some toys, including a doll. Afterward, the children were allowed to play with all of the toys themselves. Those who watched the adult ignore the doll were more likely to play with it calmly. However, those who saw the adult play with the doll aggressively were more likely to behave violently toward it. So, uh, this shows that children change their behavior based on the behavior of an adult model.

Now remember, copying observed behavior is only one aspect of social modeling . . . Um, another aspect is the consequences of the observed behavior. Imagine, for instance, that the children in the experiment saw the adult being punished for treating the doll aggressively. Because of this negative consequence, the children become less likely to imitate the observed behavior. This is because they, um, don't want to be punished themselves. And of course, the reverse is also true. If the adult was rewarded for behaving aggressively, then the children would be even more encouraged to behave aggressively. In short, the outcome of the observed behavior determines whether or not it is copied.

자, 사회적 모델링이 어떻게 작용하는지는 유명한 실험에 의해 설명됩니다. 음, 이 실험에서, 어른이 인형을 포함한 몇 가지 장난감과 상호작용하는 동안에 어린이들에게 관찰하도록 했어요. 나중에, 그 어린이들이 모든 장난감을 직접 가지고 놀 수 있도록 했어요. 어른이 인형을 무시하는 것을 본 어린이들은 그것을 조용히 가지고 놀 가능성이 더 컸어요. 하지만, 어른이 인형을 공격적으로 가지고 노는 것을 본 어린이들은 그것을 향해 폭력적으로 행동할 가능성이 더 컸죠. 그래서, 어, 이는 어린이들이 어른 모델의 행동을 바탕으로 그들의 행동을 바꾼다는 것을 보여줍니다.

이제 관찰된 행동을 모방하는 것은 사회적 모델링의 한 측면일 뿐이라는 점을 기억하세요… 음, 또 다른 측면은 관찰된 행동의 결과입니다. 예를 들어, 실험의 어린이들이 어른이 인형을 공격적으로 대한 것에 대해 벌을 받는 것을 봤다고 상상해 보세요. 이런 부정적인 결과 때문에, 어린이들이 관찰된 행동을 모방할 가능성은 더 적어져요. 이것은, 음, 그들 자신이 벌을 받고 싶어 하지 않기 때문이죠. 그리고 물론, 그 반대도 마찬가지입니다. 만약 어른이 공격적으로 행동한 것에 대해 보상을 받았다면, 어린이들은 공격적으로 행동하도록 훨씬 더 고무될 거예요. 간단히 말해서, 관찰된 행동의 결과가 그것이 모방되는지 아닌지를 결정하는 겁니다.

The professor provides an example. Explain how it illustrates the concept of social modeling.
교수는 한 가지 예를 제시합니다. 그것이 어떻게 사회적 모델링의 개념을 나타내는지 설명하세요.

calmly[káːmli] 조용히, 차분하게   **punish**[pʌ́niʃ] 벌을 주다   **treat**[triːt] 대하다   **imitate**[ímətèit] 모방하다
reverse[rivə́ːrs] 반대, 뒷면   **reward**[riwɔ́ːrd] 보상을 주다   **outcome**[áutkʌ̀m] 결과   **determine**[ditə́ːrmin] 결정하다

COURSE 03 | 노트 바탕으로 말하기

HACKERS PRACTICE
p.96

01 읽기 노트

> commensalism 편리공생
> — 1 gain advantage, other unaffected 한 생명체는 이득을 얻고, 다른 생명체는 영향받지 않음

듣기 노트

> 1. shelter: orchids 난초는 서식지를 통해
>   — grow on tree branch → sunlight & wind, w/o harm
>   나뭇가지에 자라서 햇빛과 바람을 받으며 나무에 해를 끼치지 않음
> 2. food: birds 새는 먹이를 찾음
>   — follow army ants & eat insects → ants X affected
>   군대개미를 따라가며 곤충을 먹으므로 개미는 영향받지 않음

말하기 🎤 🎧 Q3_6

주제

According to the reading, / ① commensalism is how one living thing benefits / while the other remains not affected. **The professor uses** ② two examples / **to explain** ③ commensalism.

예시 1 + 부연 설명

First, / **she describes how** orchids can ④ benefit from commensalism / through shelter.

Orchids grow on tree branches, / and ⑤ they receive more sunlight and wind / without causing any harm to the trees.

예시 2 + 부연 설명

Second, / **she describes how** ⑥ commensalism helps some birds find food.

When army ants move, / certain birds follow. Many insects try to escape, / and then the birds catch them. ⑦ Although the birds eat the insects, / the ants are not affected.

해석 읽기 지문에 따르면, 편리공생은 다른 생명체는 영향을 받지 않는 반면에, 한 생명체는 득을 보는 것이다. 교수는 두 가지 예를 들어 편리공생을 설명한다.
첫째로, 그녀는 난초가 서식지를 통해 편리공생으로부터 득을 볼 수 있음을 설명한다.
난초는 나뭇가지에서 자라며, 그것들은 나무들에 어떠한 해도 끼치지 않으며 더 많은 햇빛과 바람을 받는다.
둘째로, 그녀는 편리공생이 몇몇 새들이 먹이를 찾는 것을 도와줌을 설명한다.
군대개미들이 이동할 때, 특정한 새들이 따라간다. 많은 곤충들은 도망치려고 하고, 그때 새들이 그들을 잡는다. 비록 새들은 그 곤충들을 먹지만, 개미들은 영향받지 않는다.

스크립트 및 해석 🎧 Q3_5

Reading

Now read the passage about commensalism. You will have 50 seconds to read the passage. Begin reading now.
이제 편리공생에 대한 글을 읽어보세요. 글을 읽는 데 50초가 주어질 것입니다. 이제 읽기 시작하세요.

편리공생
자연에서, 몇몇 생물들은 다른 종들과 밀접한 관계를 발전시키고 그 관계에서 이득을 취한다. 이러한 공생관계 중 몇몇은 상호적으로 이득이지만, 다른 관계들은 단지 두 종류 중 하나에게만 이롭다. 후자의 특정한 한 가지 예는 편리공생이며, 이는 다른 생물은 영향을 받지 않는 반면, 한 생물은 일정한 이득을 얻는 것이다. 편리공생의 흔한 형태는 생존 가능성을 높이기 위해 작은 생물 그 자신이 더 큰 생물에게 붙는 경우이다. 또 다른 경우는 한 생물이 먹이를 찾기 위한 목적으로 다른 존재에게 이득을 취하는 경우이다.

commensalism[kəménslìzm] 편리공생 **organism**[ɔ́ːrɡənìzəm] 생물 **benefit**[bénəfit] 득을 보다, ~를 이롭게 하다

Listening

Now listen to part of a lecture on this topic in a biology class.
이제 생물학 수업에서 이 주제에 대한 강의의 일부를 들어보세요.

> Good afternoon, class. Today, I'd like to discuss commensalism . . . which is a relationship where one organism benefits, while the other is neither helped nor hurt.
> One way an organism can benefit from commensalism is through shelter. Take orchids, for instance. Unlike most plants, certain orchids, um, grow on tree branches and live their entire lives up in the air. In the tropical forests where these orchids live, the forest floor doesn't get much sunlight. It's also less exposed to the wind. But, since the orchids are high off the ground, they receive more of both . . . Now, the sunlight is used for growth, and the wind, uh, helps the orchids spread their seeds. Please keep in mind that orchids get all these benefits without causing any harm to the trees.
> Now, let's look at how commensalism can help organisms find food. Birds, for example, are sometimes able to benefit from these relationships. Most of you are probably familiar with army ants and how they hunt . . . The entire colony moves across the land, devouring thousands of insects. What's interesting is that when this happens, certain birds follow the army ants. The ants rush by, and many insects . . . like beetles . . . try to escape. That's when the birds fly down and catch them. So, although the birds eat the insects, the ants really aren't affected. The insects are sort of like their leftovers, so the ants don't starve at all. So there you have it—commensalism at work.

좋은 오후예요, 여러분. 오늘은 편리공생에 대해 논의하고자 하는데... 그건 한 생물은 득을 보는 반면에 다른 생물은 도움을 받지도 해를 입지도 않는 관계입니다.

생물이 편리공생으로부터 득을 보는 한 가지 방법으로는 서식지를 통해서예요. 난초를 예로 들어 보죠. 대부분 식물과는 다르게, 특정한 난초는, 음, 나뭇가지에 자라서 평생을 공중에서 산답니다. 이 난초가 사는 열대림에서, 숲의 바닥은 햇빛을 많이 받지 못해요. 바람에도 역시 더 적게 노출되죠. 하지만 난초는 땅 위로 높이 있기 때문에 둘 다 더 많이 받아요... 자, 햇빛은 성장을 위해 사용되고, 바람은, 어, 난초가 씨앗을 퍼뜨리는 것을 도와주죠. 난초는 이 모든 이득을 나무들에 어떠한 해도 끼치지 않고 얻는다는 것을 명심하세요.

자, 편리공생이 어떻게 생물들이 먹이를 찾는 것을 도와줄 수 있는지를 살펴봅시다. 예를 들어, 새들은 때때로 이 관계로부터 이득을 볼 수 있어요. 여러분 대부분은 아마 군대개미와 그들이 어떻게 먹이 사냥을 하는지 익히 알 거예요... 전체 군단이 수천 마리의 곤충들을 먹어 치우며 땅 위를 가로질러 이동하죠. 재미있는 것은 이것이 일어날 때, 특정한 새들이 군대개미들을 따라다닌다는 겁니다. 개미들은 돌진하고, 딱정벌레 같은... 많은 곤충들은... 도망가려고 해요. 그때, 그 새들이 날아 내려가서 그들을 잡는 거죠. 그래서, 비록 새들은 곤충들을 먹지만, 개미들은 사실 영향을 받지 않아요. 그 곤충들은 일종의 남은 음식이라서, 개미들은 전혀 굶주리지 않아요. 그래요, 그거예요. 편리공생이 작용한 거예요.

The professor provides two examples. Explain how they illustrate the concept of commensalism.

교수는 두 가지 예를 제시합니다. 두 가지 예가 어떻게 편리공생의 개념을 나타내는지 설명하세요.

shelter[ʃéltər] 서식지　**orchid**[ɔ́ːrkid] 난초　**in the air** 공중에　**army ant** 군대개미
colony[kάːləni] (동일 지역에 서식하는 동·식물의) 군단, 군집　**devour**[diváuər] 먹어 치우다

02 읽기 노트

```
○   student-centered learning   학생 중심 수업
○     - focus on needs of stud.   학생들의 욕구에 초점을 맞춤
```

듣기 노트

```
○   1. assign. based on classic.   고전적 예술에 기초한 과제
        - son X interested → try stud.-centered appro.
○         아들이 흥미를 느끼지 못해서 학생 중심 접근법을 시도함

○   2. find type interested him   흥미를 끄는 종류를 찾음
        - comic book & street art → work hard → win scholarship
○         만화와 거리 예술을 하고 싶어 열심히 작업하여, 장학금을 탐
```

말하기 🎤 Q3_8

주제

According to the reading, / ① student-centered learning focuses on the needs of students. The professor uses ② a personal experience / to explain ③ student-centered learning.

예시 1 + 부연 설명

First, / she describes ④ how her son's art assignment was to create art pieces / based on classical paintings.

He ⑤ wasn't interested / and delayed starting his project. Therefore, / the teacher decided to try a student-centered approach.

예시 2 + 부연 설명

Then, / **she describes how** the teacher asked her son / ⑥ to find a type of art that interested him.

Her son ⑦ was eager to work on comic book art and street art. He created pieces based on them. He worked hard / and his excellent work helped him win a scholarship to art school.

해석   읽기 지문에 따르면, 학생 중심 수업은 학생들의 욕구에 초점을 맞춘다. 교수는 개인적인 경험을 들어 학생 중심 수업을 설명한다.
첫째로, 그녀는 아들의 미술 과제가 고전주의의 그림을 기초로 한 미술 작품을 만드는 것이었음을 설명한다.
그는 흥미가 없었고, 과제를 시작하는 것을 미뤘다. 따라서, 선생님은 학생 중심 접근법을 시도해 보기로 결정했다.
그다음, 그녀는 선생님이 아들에게 그의 흥미를 끄는 종류의 미술을 찾으라고 했음을 설명한다.
그녀의 아들은 만화 예술과 거리 예술을 무척이나 해보고 싶어 했다. 그는 그것들을 기초로 한 작품을 만들었다. 그는 열심히 작업했고 그의 뛰어난 작품은 그가 예술 학교 장학금을 타는 데 도움이 되었다.

스크립트 및 해석   🎧 Q3_7

Reading

Now read the passage about student-centered learning. You will have 45 seconds to read the passage. Begin reading now.
이제 학생 중심 수업에 관한 글을 읽어보세요. 글을 읽는 데 45초가 주어질 것입니다. 이제 읽기 시작하세요.

학생 중심 수업
학생 중심 수업은 교육 접근법이다. 이것은 학생들의 욕구에 주로 초점을 맞춘다. 전통적인 교육 접근법은 대체로 교사와 학교 관리자에 의해 주도된다. 하지만, 학생 중심 수업은 학생들 별개의 학습 방식, 관심사, 그리고 능력들 때문에 개인의 특정한 필요를 인식한다. 그러므로, 학생 중심 수업 환경에서, 교실 내의 교사들의 역할은 지시하고 강요하기보다는 안내하고 돕는 것이다. 그들은 학생들의 독립적인 학습을 지원하기 위해 그곳에 있는 것이다.

primarily[praimérəli] 주로   **drive**[draiv] 주도하다, 몰다   **administrator**[ædmínəstrèitər] 관리자
recognize[rékəgnàiz] 인식하다   **direct**[dirékt] 지시하다   **enforce**[enfɔ́ːrs] 강요하다

Listening

Now listen to part of a lecture on this topic in an education class.
이제 교육학 수업에서 이 주제에 대한 강의의 일부를 들어보세요.

OK. What I want to talk about is how the classroom experience can be more focused on the student . . . student-centered learning. To help you understand the idea, let's look at an experience my son had in high school a few years ago.
So, one semester my son's art class was studying classical art, and his art teacher gave an assignment . . . The assignment was to create three art pieces based on famous classical paintings. Well, my son wasn't really interested in classical art, so he continued to delay starting his project even though the deadline was getting close. You know, it's much harder to do any task that does not appeal to you and your interests. The teacher recognized this, so she decided to try something different. Uh, she tried a student-centered approach.
So what did she do? She asked him to go online and find a type of art that interested him. Well, my son already knew what kind of art he liked. He was eager to work on comic book art and street art, so he decided to create pieces based on them. Anyway, because he was

passionate about his topic, he worked really hard on his assignment. His work became some of the best that he'd made all year. It even helped him win a scholarship to art school! And that's the sort of effect the student-centered approach can have. When students get to concentrate on what they actually like, it can really pay off in the end.

좋아요. 제가 얘기하고 싶은 건 어떻게 교육 경험이 학생에게 더 초점이 맞춰질 수 있는 지예요... 학생 중심 수업이죠. 여러분들의 이 발상의 이해를 돕기 위해, 몇 년 전에 제 아들이 고등학교에서 겪었던 경험을 살펴보죠.
그러니까, 어느 학기 제 아들의 미술 수업에서는 고전 예술을 공부하고 있었고, 그의 미술 선생님이 과제를 내주었어요... 그 과제는 유명한 고전주의의 그림을 기초로 한 세 점의 미술 작품을 만드는 것이었어요. 음, 제 아들은 고전 예술에 별로 흥미를 느끼지 못해서, 마감일이 계속 다가오는데도 과제를 시작하는 것을 계속해서 미뤘죠. 아시다시피, 여러분에게 매력적으로 느껴지지 않거나 관심을 불러일으키지 못하는 숙제를 하는 것은 훨씬 더 힘들어요. 선생님은 이를 알게 되었고, 그녀는 뭔가 다른 것을 시도해 보기로 했어요. 어, 그녀는 학생 중심 접근법을 시도했어요.
그래서 그녀가 뭘 했냐고요? 그녀는 제 아들에게 온라인에 접속해서 그의 흥미를 끄는 종류의 미술을 찾으라고 했어요. 음, 제 아들은 이미 그가 좋아하는 예술 장르를 알고 있었죠. 아들은 만화 예술과 거리 예술을 무척이나 해보고 싶어 했고, 그래서 그는 그것들을 기초로 한 작품을 만들기로 결정했지요. 어쨌든, 그가 이 주제에 열정적이었기 때문에, 과제를 정말 열심히 작업했어요. 그의 작품은 그가 일 년 내내 만든 최고의 작품 중 몇 개가 되었어요. 그것은 심지어 그가 예술 학교 장학금을 타는 데 도움이 되었지요! 그리고 그것이 학생 중심 접근법이 가질 수 있는 일종의 효과인 거예요. 학생들이 정말 그들이 좋아하는 것에 집중할 때, 결국에는 정말 성과를 올릴 수 있죠.

The professor describes a personal experience. Explain how it illustrates the concept of student-centered learning.
교수는 개인적인 경험을 설명합니다. 그것이 어떻게 학생 중심 수업의 개념을 나타내는지 설명하세요.

classical art 고전 예술　assignment[əsáinmənt] 과제　art piece 미술 작품　be based on ~에 기초하다
passionate[pǽʃənət] 열정적인　scholarship[skάlərʃip] 장학금　pay off 성과를 올리다

03 읽기 노트

○　opportunity cost 기회비용
○　- how much missed opport. worth 놓친 기회가 얼마나 많이 가치 있는가

듣기 노트

○　1. trainer @ fitness center 헬스클럽의 트레이너
○　　- work evening & $25/hr., but X social life
　　　저녁에 일하고 시간당 25달러를 벌지만, 사회생활이 없음
○　2. friends ask movie 친구들이 영화를 보러 갈 수 있는지 물어봄
　　　- leave 3 hrs. early & lose $75, but fun & break
○　　3시간 일찍 퇴근하고 75달러를 놓치지만, 즐거운 시간과 휴식

말하기 🎤 Q3_10

주제

According to the reading, / ① opportunity cost is how much a missed opportunity is worth.
The professor uses ② an example / to explain ③ opportunity cost.

예시 1 + 부연 설명

First, / he describes a personal trainer / at a busy 24-hour fitness center.

④ The personal trainer works in the evenings / from six until midnight. He makes $25 an hour / and is happy, / but ⑤ he doesn't have time for a social life.

예시 2 + 부연 설명

Then, / he describes how the personal trainer's friends ask / if he can make it to a movie.

⑥ He decides to leave work three hours early / to see the film. He loses the chance to make $75, / which is his opportunity cost, / ⑦ but he has fun / and gets a break from work.

해석 읽기 지문에 따르면, 기회비용은 놓친 기회가 얼마나 많이 가치 있는가이다. 교수는 한 가지 예를 들어 기회비용을 설명한다.
첫째로, 그는 24시간 개장하는 바쁜 헬스클럽의 개인 트레이너를 설명한다.
그 개인 트레이너는 저녁에 6시부터 자정까지 일한다. 그는 시간당 25달러를 벌고 행복해하지만, 사회생활을 위한 시간이 없다.
그다음, 그는 그 개인 트레이너의 친구들이 그가 영화를 보러 갈 수 있느냐고 물어봄을 설명한다.
그는 세 시간 일찍 퇴근하고 영화를 보러 가기로 결정한다. 그는 75달러를 벌 기회를 놓치고, 이것은 기회비용이지만, 즐거운 시간을 보내고 일로부터 휴식을 취한다.

스크립트 및 해석 Q3_9

Reading

Now read the passage about opportunity cost. You will have 50 seconds to read the passage. Begin reading now.

이제 기회비용에 관한 글을 읽어보세요. 글을 읽는 데 50초가 주어질 것입니다. 이제 읽기 시작하세요.

기회비용
개인은 의사 결정을 내릴 때, 종종 기회비용을 고려한다. 이는 한 가지가 다른 어떤 것과 비교하여 얼마나 가치 있는지를 알아내는 것을 도와주기 때문이다. 근본적으로, 기회비용이란 놓친 기회가 얼마나 많이 가치 있는가이다. 이것은 한 선택이 다른 선택을 두고 만들어졌을 때 발생한다. 기회비용의 평가는 재정적 결정과 사업적 결정을 내릴 때 필요하다. 이것은 특정 행동을 수행할 때와 수행하지 않을 때의 경제적인 비용을 결정하기 위한 방법이다. 이것은 똑같이 매력적으로 보이는 두 가지 선택 사항 중에서 결정하는 것을 도와주는 데에도 사용될 수 있다. 이 경우, 결정 요인들은 시간, 직무 능력 개발, 그리고 개인적인 즐거움을 포함할 수 있다.

determine[ditə́:rmin] 알아내다, 결정하다   in comparison to ~와 비교하여   essentially[isénʃəli] 근본적으로
equally[íːkwəli] 똑같이

Listening

Now listen to part of a lecture on this topic in a business class.

이제 경영학 수업에서 이 주제에 대한 강의의 일부를 들어보세요.

Well, let's suppose there's a personal trainer at a 24-hour fitness center. He works the night shift from, uh, let's say, six in the evening until midnight. He does this because the pay is higher in the evening . . . Um, he makes $25 an hour and is happy with the money. But, he doesn't have time for a social life . . . For one thing, by the time work finishes, he's too tired to do anything because it's late at night. Plus, all of his friends work during the day, so it's hard to find a good time to meet.

Anyway, one night, his friends call and ask if he can make it to a movie. He would like to go because it's a movie he is really excited to see. So he decides to leave work three hours early to see the film. The trainer loses the chance to make $75 in the three hours he's not working . . . That's his opportunity cost . . . But he has fun with his friends and gets a break from work, so it's worth it to him because he values the experience more than he values $75 . . . Does this situation sound familiar to any of you?

음, 24시간 개장하는 헬스클럽에 한 개인 트레이너가 있다고 해봅시다. 그는 야간 근무를 하는데, 어, 예를 들면, 저녁에 6시부터 자정까지요. 그가 이렇게 하는 것은 저녁에 보수가 더 높기 때문이죠... 음, 그는 시간당 25달러를 벌고 행복해하죠. 하지만, 그는 사회생활을 위한 시간이 없어요... 우선, 일이 끝날 때쯤이면 늦은 밤이기 때문에, 그는 너무 피곤해서 아무것도 못 해요. 그리고 모든 그의 친구들은 낮 동안 일하기 때문에 만날 수 있는 적절한 시간을 찾기 힘들죠.

아무튼, 어느 날 밤, 그의 친구들이 전화해서 그가 영화를 보러 갈 수 있느냐고 물어요. 그 영화는 그가 정말 보고 싶었던 거라 그는 가고 싶었어요. 그래서 그는 영화를 보기 위해 세 시간 일찍 퇴근하기로 결정해요. 그 트레이너가 그가 일하지 않는 세 시간 동안 75달러를 벌 기회를 놓치는 거죠... 그게 그의 기회비용이에요... 하지만 그는 친구들과 즐거운 시간을 보내고, 일로부터 휴식을 취하게 되죠, 그리고 그가 이 경험을 75달러보다 더 가치 있게 여기기 때문에 이것은 그에게 가치가 있죠... 이 상황이 친숙하게 들리는 분 있나요?

The professor provides an example. Explain how it illustrates the concept of opportunity cost.
교수는 한 가지 예를 제시합니다. 그것이 어떻게 기회비용의 개념을 나타내는지 설명하세요.

fitness center 헬스클럽   night shift 야간 근무   pay [peɪ] 보수, 급료

04 읽기 노트

> rewilding 재야생화
> – process of returning land to wild/natural state 땅을 야생 또는 자연 상태로 되돌리는 과정

듣기 노트

> 1. Chile: passive rewilding 칠레의 수동적 재야생화
>   – X grazing sheep & struc. → plants & animals grow freely
>   양의 방목을 금지하고 구조물 제거하여 식물과 동물이 자유롭게 자라게 함
> 2. Mozambique: active rewilding 모잠비크의 능동적 재야생화
>   – govern.: bring animals into park → no. stayed balanced
>   정부가 동물들을 공원으로 데려와서 그들의 수가 균형을 유지하도록 함

말하기 Q3_12

주제

> According to the reading, / ① rewilding is the process of returning land / to its wild or natural state. The professor uses ② **two examples** / to explain ③ **rewilding**.

예시 1 + 부연 설명

> First, / he describes how ④ passive rewilding restored an ecosystem / in Chile.

A group banned farmers from grazing sheep / and removed some man-made structures. ⑤ They left the land alone / and allowed the native plants and wildlife / to grow freely.

예시 2 + 부연 설명

Then, / he describes how ⑥ active rewilding worked / in Mozambique.

The government gathered animals, / such as buffalo and zebra, / and brought them into the park. ⑦ They also made sure / that the number of animals stayed balanced.

해석　읽기 지문에 따르면, 재야생화는 땅을 야생 또는 자연 상태로 되돌리는 과정이다. 교수는 두 가지 예를 들어 재야생화를 설명한다.
첫째로, 그는 수동적 재야생화가 칠레에서 생태계를 복원했음을 설명한다.
한 단체가 농부들이 양을 방목하는 것을 금지하고 인공 구조물을 제거했다. 그들은 그 땅을 홀로 내버려두고 토종 식물과 야생 동물이 자유롭게 자라도록 했다.
그다음, 그는 능동적 재야생화가 모잠비크에서 효과를 냈음을 설명한다.
정부는 물소와 얼룩말과 같은 동물들을 모아 공원으로 데려왔다. 그들은 또한 동물들의 수가 확실히 균형을 유지하도록 했다.

스크립트 및 해석　🎧 Q3_11

Reading

Now read the passage about rewilding. You will have 45 seconds to read the passage. Begin reading now.
이제 재야생화에 대한 글을 읽어보세요. 글을 읽는 데 45초가 주어질 것입니다. 이제 읽기 시작하세요.

재야생화
재야생화는 땅을 야생 또는 자연 상태로 되돌리는 과정이다. 그것은 생물 다양성의 손실과 인간에 의한 자연의 파괴에 대한 해결책이다. 인구 수가 증가함에 따라, 많은 자연 경관들이 인간의 용도로 전환되었다. 이것은 식물과 동물을 쫓아냈고 자연의 균형을 깨뜨렸다. 재야생화는 두 가지의 주된 방식인 수동적 또는 능동적 재야생화 중 하나로 균형을 회복하는 것을 목표로 한다. 수동적 재야생화는 자연이 스스로를 치유하도록 장려하기 위해 인간의 개입을 거의 사용하지 않는다. 능동적 재야생화는 생태계가 번성하기 위해 필요로 하는 것을 확실히 갖도록 하기 위해 인간의 개입을 일부 사용한다.

biodiversity [bàioudaivə́ːrsəti] 생물 다양성　landscape [lǽndskèip] 경관, 풍경　displace [displéis] 쫓아내다, 바꾸어 놓다
intervention [ìntərvénʃən] 개입　thrive [θraiv] 번성하다

Listening

Now listen to part of a lecture on this topic in a biology class.
이제 생물학 수업에서 이 주제에 대한 강의의 일부를 들어보세요.

So, basically, rewilding is about restoring nature in places that have been changed by humans. To give you some idea of how rewilding works, let's look at an example of each type of rewilding.
The first example is from Chile, where, um, a group used passive rewilding to restore an ecosystem. The group secured a large valley around 890 square kilometers in size . . . That's, uh, the size of a big city. Then, they banned farmers from grazing their sheep and removed man-made structures like farm buildings, fences, and so on. After that, they simply let nature take over . . . Um, they left the land alone and allowed the native plants and wildlife to grow freely. Since then, the local ecosystem has recovered. Now, the land

is part of a large national park that people can enjoy.

But how does active rewilding work? Well, in the country of Mozambique, years of war and hunting had caused animals from a national park to disappear. Because the animals had either left the park or been killed, it was necessary for the country's government to intervene more actively. So, um, the government gathered large numbers of buffalo, zebra, and other animals, and brought them into the park on trucks . . . After that, they also had to make sure that the number of animals in the park stayed balanced. By actively controlling the numbers and types of animals in the park, the government succeeded in rewilding the park.

그래서, 기본적으로 재야생화는 인간에 의해 변화된 장소에서 자연을 복원하는 것입니다. 재야생화가 어떻게 효과를 내는지에 대한 아이디어를 제공하기 위해, 각 유형의 재야생화의 예를 살펴봅시다.

첫 번째 예는 칠레인데, 음, 한 단체가 생태계를 복원하기 위해 수동적 재야생화를 사용했던 곳이에요. 그 단체는 약 890 평방 킬로미터 크기의 큰 계곡을 확보했는데... 그건, 어, 대도시의 크기만 한 거예요. 그리고 나서, 그들은 농부들이 양을 방목하는 것을 금지하고, 농장 건물, 울타리 등과 같은 인공 구조물을 제거했어요. 그 후에, 그들은 그저 자연이 차지하도록 내버려두었죠... 음, 그들은 그 땅을 홀로 내버려두고 토종 식물과 야생 동물이 자유롭게 자라도록 했어요. 그 이후로, 지역 생태계는 회복되었어요. 이제, 그 땅은 사람들이 즐길 수 있는 광대한 국립 공원의 일부이죠.

그런데 능동적 재야생화는 어떻게 효과를 낼까요? 음, 모잠비크라는 나라에서는 수년간의 전쟁과 사냥으로 국립공원의 동물들이 사라졌어요. 동물들이 공원을 떠났거나 죽임을 당했기 때문에, 그 나라의 정부가 더 적극적으로 개입할 필요가 있었죠. 그래서, 음, 정부는 많은 수의 물소, 얼룩말, 그리고 다른 동물들을 모았고 트럭에 실어 공원으로 데려왔어요... 그 후에, 그들은 또한 공원에 있는 동물들의 수가 확실히 균형을 유지하도록 해야 했죠. 공원에 있는 동물들의 수와 종류를 적극적으로 통제함으로써, 정부는 공원을 재야생화하는 데 성공했습니다.

The professor provides two examples. Explain how they illustrate the concept of rewilding.
교수는 두 가지 예를 제시합니다. 두 가지 예가 어떻게 재야생화의 개념을 나타내는지 설명하세요.

secure[sikjúər] 확보하다, 안전하게 하다   ban A from B A가 B하는 것을 금지하다   man-made 인공의
take over 차지하다, 탈취하다   gather[gǽðər] 모으다

HACKERS TEST
p.104

01 읽기 노트

- signal redundancy 신호 반복
  - use differ. signals to commun. same message
  - 동일한 메시지를 보내기 위해 다양한 신호를 이용

듣기 노트

1. water birds: visual signal 물새: 시각적 신호 제공
   - predator approach → move head; danger near
   포식자 다가오면 머리를 움직여 위험이 가까이 있다고 알림

2. repeat message of danger 위험의 메시지를 반복함
   - alarm call → spread & fly away 울부짖으면 퍼지고 날아감

말하기 🎤 Q3_14

주제

According to the reading, / ① signal redundancy is the use of different signals / to communicate the same message. **The professor uses an example** / **to explain** ② signal redundancy.

예시 1 + 부연 설명

First, / **he describes** ③ **how** water birds offer a visual signal.

If a predator approaches, / the water birds will move their heads up and down. ④ This informs other members that danger might be near.

예시 2 + 부연 설명

Then, / **he describes** ⑤ **how** the water birds repeat the message of danger.

The birds emit an alarm call. ⑥ This will spread throughout the flock, / and all of the birds will fly away to escape the threat.

This example demonstrates signal redundancy.

해석 읽기 지문에 따르면, 신호 반복은 동일한 메시지를 보내기 위해 다양한 신호들을 이용하는 것이다. 교수는 한 가지 예를 들어 신호 반복을 설명한다.
첫째로, 그는 새들이 시각적 신호를 제공함을 설명한다.
만약 포식자가 다가오면, 물새들은 그들의 머리를 위아래로 움직인다. 이는 다른 구성원들에게 위험이 가까이 있을지 모른다고 알리는 것이다.
그다음, 그는 물새들이 위험의 메시지를 반복함을 설명한다.
새들은 울부짖는다. 이것은 무리 전체에 퍼질 것이고, 모든 새들은 위협에서 벗어나기 위해 날아갈 것이라고 설명한다.
이러한 예는 신호 반복을 보여준다.

스크립트 및 해석 🎧 Q3_13

Reading

Now read the passage about signal redundancy. You will have 50 seconds to read the passage. Begin reading now.

이제 신호 반복에 관한 글을 읽어보세요. 글을 읽는 데 50초가 주어질 것입니다. 이제 읽기 시작하세요.

신호 반복

신호 반복은 의사소통을 돕기 위해 많은 동물들에 의해 이용되며, 이는 동일한 메시지를 보내기 위한 다양한 신호들을 사용하는 것이다. 다양한 의사소통 유형들은 같은 의미를 전달하기 때문에, 그것들은 반복되는 것으로 여겨진다. 신호 반복의 흔한 형태는 특정한 의미를 전달하기 위해 하나 이상의 감각 경로를 이용하는 것이다. 예를 들어, 한 동물의 종은 위협의 존재를 다른 구성원들에게 알리기 위해 시각적 신호를 이용할 수 있다. 그다음에 그 동물은 청각적 신호를 이용할 수 있다. 이는 감각 경로 중 하나가 어떤 이유로 인해 실패하더라도 그 메시지가 반복된다는 것을 보장한다.

utilize[júːtəlàiz] 이용하다   **aid**[éid] 돕다   **redundant**[ridʌ́ndənt] 반복되는, 쓸모없는   **convey**[kənvéi] 전달하다
alert[ələ́ːrt] 알리다   **presence**[prézns] 존재   **auditory**[ɔ́ːdətɔ̀ːri] 청각적인, 청각의

Listening

Now listen to part of a lecture on this topic in a biology class.
이제 생물학 수업에서 이 주제에 대한 강의의 일부를 들어보세요.

> Today we'll be looking at how animals use signal redundancy to communicate. Specifically, I'm going to demonstrate how certain birds utilize it to announce the presence of a threat. This is the case with some water birds, for example. Uh, when the water birds feel alarmed or threatened, they first might try to achieve this by offering a visual signal. So, let's say that, um, there's a fox or wolf or some other kind of predator approaching and, uh, it keeps coming closer and closer. The birds will move their heads up and down, and this head movement informs other members of the flock that danger might be near. And so, you know, any bird that gets the message will also join in and remain on high alert. This type of visual communication is very effective in family groups or large flocks in which the members are close together and within easy view.
>
> Still, it's very possible that some members will not notice the head movement. Perhaps they've got their heads down focusing on finding food in the water or are wandering away from the group . . . Well, that's OK because these water birds have a second way of repeating the message of danger, and this is to emit a loud and sharp alarm call. If one bird starts the alarm call, it will spread throughout the flock. Thus, the birds that missed the first visual signal will get the message, and all of the birds will fly away to escape the threat.

오늘 우리는 동물들이 의사소통을 하기 위해 어떻게 신호 반복을 이용하는지 살펴볼 거예요. 구체적으로, 저는 특정 새들이 위협의 존재를 알리기 위해 그것을 어떻게 사용하는지 보여드릴 겁니다. 예를 들어, 이는 물새의 경우예요. 어, 물새가 불안해하거나 위협을 느끼면, 그들은 먼저 시각적 신호를 제공함으로써 이를 해내려고 할 것입니다. 그러면, 음, 여우나 늑대 또는 다른 종류의 포식자들이, 어, 계속해서 점점 더 가까이 다가온다고 해봅시다. 새들은 그들의 머리를 위아래로 움직일 것이고, 이러한 머리 움직임은 무리에 있는 다른 구성원들에게 위험이 가까이 있을지 모른다고 알려주게 되죠. 그래서, 음, 그 메시지를 받은 새는 같이 합류하거나 삼엄한 경계 상태로 남아있을 겁니다. 이러한 종류의 시각적 의사소통은 구성원들이 가까이에 함께 있고 쉽게 볼 수 있는 가족 집단이나 큰 무리에 아주 효과적이죠.
하지만, 몇몇 구성원들은 이 머리 움직임을 알아채지 못할 가능성이 크죠. 아마도 그들이 물속에 있는 먹이를 찾는 데 집중하느라 그들의 머리를 물속에 넣고 있거나, 집단에서 떨어져 있을 수도 있어요... 음, 하지만 그래도 괜찮은 것이, 이 물새들은 위험의 메시지를 반복하는 두 번째 방법을 가지고 있기 때문인데, 이는 크고 날카로운 울부짖음을 내는 것이죠. 만약 한 마리의 새가 울부짖기 시작하면, 이는 무리 전체에 퍼지게 됩니다. 따라서, 첫 번째 시각적 신호를 놓친 새들은 그 메시지를 받게 될 것이고, 모든 새들은 위협에서부터 벗어나기 위해 날아가게 됩니다.

The professor provides an example. Explain how animals use signal redundancy.
교수는 한 가지 예를 제시합니다. 동물들이 어떻게 신호 반복을 이용하는지 설명하세요.

announce[ənáuns] 알리다 high alert 삼엄한 경계 effective[iféktiv] 효과적인

02 읽기 노트

- internal competition 내부 경쟁
  - direct competition w/ itself for customer attract. 고객 유치를 위한 자신과의 직접적 경쟁

듣기 노트

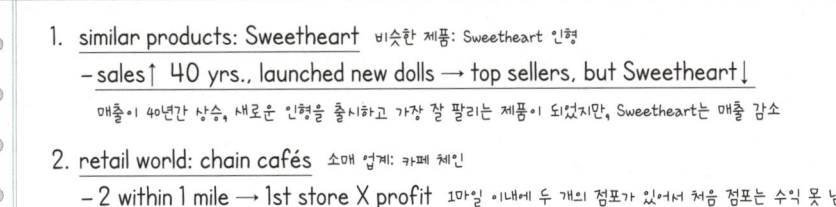

1. similar products: Sweetheart 비슷한 제품: Sweetheart 인형
   - sales↑ 40 yrs., launched new dolls → top sellers, but Sweetheart↓
   매출이 40년간 상승, 새로운 인형을 출시하고 가장 잘 팔리는 제품이 되었지만, Sweetheart는 매출 감소
2. retail world: chain cafés 소매 업계: 카페 체인
   - 2 within 1 mile → 1st store X profit 1마일 이내에 두 개의 점포가 있어서 처음 점포는 수익 못 냄

말하기 Q3_16

주제

According to the reading, / ① internal competition is the direct competition of a company with itself / for customer attraction. **The professor uses two examples** / to explain ② internal competition.

예시 1 + 부연 설명

First, / **she describes** ③ how internal competition occurs / when a company offers similar products.

Sales of Sweetheart dolls climbed for 40 years, / and ④ the company launched new dolls. The new dolls became top sellers, / but ⑤ Sweetheart doll sales decreased.

예시 2 + 부연 설명

Second, / **she describes** ⑥ how internal competition happens in the retail world.

A chain of cafés opened a ton of stores, / and ⑦ two locations were within a mile of one another. As a result, / the first store no longer made a profit.

These examples demonstrate internal competition.

해석 읽기 지문에 따르면, 내부 경쟁은 고객 유치를 위한 한 회사의 그 자신과의 직접적 경쟁이다. 교수는 두 가지 예를 들어 내부 경쟁을 설명한다.
첫째로, 그녀는 한 회사가 비슷한 제품들을 제공할 때 내부 경쟁이 일어남을 설명한다.
Sweatheart 인형 매출은 40년 동안 상승했고, 그 회사에서 새로운 인형들을 출시했다. 그 새로운 인형들은 가장 잘 팔리는 제품이 되었지만, Sweetheart 인형 매출은 감소했다.
둘째로, 그녀는 소매 업계에서 내부 경쟁이 일어남을 설명한다.
한 카페 체인은 엄청나게 많은 점포를 열었고, 두 개의 점포가 서로에게서 1마일 이내에 있었다. 결과적으로, 처음 있던 점포는 더 이상 수익을 내지 못했다.
이러한 예는 내부 경쟁을 보여준다.

스크립트 및 해석 Q3_15

Reading

Now read the passage about internal competition. You will have 45 seconds to read the passage. Begin reading now.

이제 내부 경쟁에 관한 글을 읽어보세요. 글을 읽는 데 45초가 주어질 것입니다. 이제 읽기 시작하세요.

내부 경쟁

가끔, 두 개의 제품이 같은 회사에 의해 제조되고 기능 면에서 상당히 겹칠 때가 있다. 비슷하게, 같은 체인의 두 개의 지점이 같은 지역 내에서 개점할 수 있다. 만약 그 제품들이 충분히 비슷하거나, 혹은 그 점포들이 충분히 가깝다면, 그들은 필연적으로 매출을 두고 경쟁할 수밖에 없다. 이러한 경우, 고객 유치를 위한 한 회사의 자신과의 직접적 경쟁이 일어나기 쉽다. 이러한 현상은 내부 경쟁이라고 알려져 있다. 비록 내부 경쟁은 전체 매출을 상승시킬 수도 있지만, 새로운 점포의 위치나 제품이 기존의 매출을 감소시킬 수 있다는 점에서 해롭다.

overlap [òuvərlǽp] 겹치다　**substantially** [səbstǽnʃəli] 상당히　**branch** [brænt∫] 지점　**inevitably** [inévitəbli] 필연적으로　**customer attraction** 고객 유치　**cut into** (이익·가치 따위를) 감소시키다, 줄이다　**existing** [igzístiŋ] 기존의

Listening

Now listen to part of a lecture on this topic in a business class.
이제 경영학 수업에서 이 주제에 대한 강의의 일부를 들어보세요.

> Internal competition occurs when one company offers similar products. Let's take a look at a recent example in the toy industry. Within the last two years, there's been a tremendous shift in the girls' doll market. Since our parents' and grandparents' generations, uh, every little girl has played with Sweetheart dolls. Sweetheart doll sales climbed every year for 40 years . . . until three years ago, that is, when the company launched the Style-Star doll line.
>
> If you have any younger sisters or nieces, you probably know about them . . . they're the ones that come with many outfits and makeup tools. Anyway, the new dolls have become the top sellers at toy stores nationwide, while the traditional Sweetheart dolls remain on the shelves. So, although the new dolls are selling very well, Sweetheart doll sales have decreased a lot . . . and so have the company's overall sales.
>
> This sort of thing happens in the retail world, too. As an example, there's this growing chain of cafés . . . all its stores are experiencing tremendous growth. In the company's home city, they really wanted to crush their main competitor, so they opened a ton of stores. In one particular case, two of the locations were within a mile of each other. Sales went up overall with two stores instead of one serving the area. However, the first store no longer made a profit due to the internal competition it faced.

내부 경쟁은 한 회사가 비슷한 제품들을 제공할 때 일어나요. 장난감 산업에서의 최근 예시를 살펴봅시다. 지난 2년 동안, 여자아이들의 인형 시장에 엄청난 변화가 있었습니다. 우리 부모님과 조부모님 세대 이래로, 어, 모든 여자아이는 Sweetheart 인형을 가지고 놀았죠. Sweetheart 인형 매출은 40년 동안 매년 상승했어요... 3년 전까지는요, 즉, Style-Star라는 새로운 인형 라인을 출시하기 전까지죠. 만약 여러분이 어린 여동생이나 여자 조카가 있다면, 아마 그것들을 알 거예요... 그 인형들은 많은 옷과 화장품 도구들과 함께 나오는 것들이에요. 아무튼, 그 새로운 인형들은 전국적으로 장난감 가게에서 가장 잘 팔리는 제품이 된 반면, 전통적인 Sweetheart 인형들은 선반 위에 계속 남아있었죠. 그렇게 새로운 인형들이 아주 잘 팔리고 있지만, Sweetheart 인형의 매출은 많이 감소했어요... 그리고 회사의 전체 매출도 감소했지요.

이런 식의 일은 소매 업계에서도 일어납니다. 예를 들어, 성장 중인 카페 체인이 있습니다... 그 회사의 모든 점포는 엄청난 성장을 경험하고 있어요. 그 회사가 생겨난 도시에서, 그들은 그들의 주 경쟁 상대를 정말로 무너뜨리고 싶어서, 엄청나게 많은 점포를 열었지요. 한 특정한 경우에는, 두 개의 점포가 서로에게서 1마일 이내에 있었어요. 한 개 대신 두 개의 점포가 그 지역을 담당하면서 매출이 전체적으로 올랐죠. 하지만, 처음에 있던 점포는 그것이 직면한 내부 경쟁 때문에 더 이상 수익을 내지 못했답니다.

The professor provides two examples. Explain how they illustrate the concept of internal competition.
교수는 두 가지 예를 제시합니다. 두 가지 예가 어떻게 내부 경쟁의 개념을 나타내는지 설명하세요.

tremendous [triméndəs] 엄청난　**shift** [ʃift] 변화　**generation** [dʒènəréiʃən] 세대　**launch** [lɔːntʃ] 출시하다　**nationwide** [néiʃənwàid] 전국적으로　**retail** [ríːteil] 소매　**crush** [krʌʃ] 무너뜨리다, 짓밟다　**a ton of** 엄청나게 많은

Q4 듣고 말하기 - 대학 강의

COURSE 01 | 중요 표현 익히기

HACKERS PRACTICE Q4_2

p.114

01 She **uses the example of** stick insects.
그녀는 대벌레의 예를 든다.

02 **Second**, he **describes** psychological pricing.
둘째로, 그는 심리적 가격 책정을 설명한다.

03 She **says that** it is a more traditional style.
그녀는 그것이 더 전통적인 유형이라고 말한다.

04 **The professor explains** how diffusion takes place **by giving two examples**.
교수는 두 가지 예를 들어 전파가 어떻게 일어나는지 설명한다.

05 **The professor explains** mechanisms that protect plants against fire **by giving two examples**.
교수는 두 가지 예를 들어 식물들을 불로부터 보호하는 기제들을 설명한다.

06 **First**, he **describes** capital, which is money that is used to start up a business.
첫째로, 그는 사업을 시작하는 데 사용되는 돈인 자본금을 설명한다.

07 **Second**, he **describes how** commercials use celebrities.
둘째로, 그는 광고가 유명인을 사용함을 설명한다.

08 **First**, he **describes how** consumers are more likely to buy products that they already know the name of.
첫째로, 그는 소비자들이 이미 이름을 알고 있는 상품을 살 가능성이 더 높음을 설명한다.

09 She **says that** they are a physiological response that results from irritation.
그녀는 그것은 자극으로부터 발생하는 생리 반응이라고 말한다.

10 He **says that** people admire stars and think that the products that they advertise must be good.
그는 사람들이 연예인을 동경하고 그들이 광고하는 상품이 좋을 게 틀림없다고 생각한다고 말한다.

11 He **mentions the example of** a famous race car driver being used in a car ad.
그는 차 광고에 사용되는 유명한 레이싱카 선수의 예를 든다.

12 **The professor explains** name recognition **by giving two examples**.
교수는 두 가지 예를 들어 상표명 인식을 설명한다.

COURSE 02 | 노트테이킹하기

HACKERS PRACTICE

p.118

01 듣기 노트

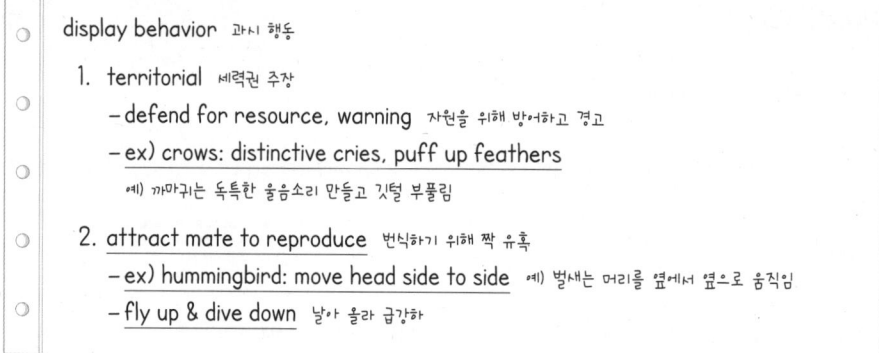

스크립트 및 해석 Q4_3

Now listen to part of a talk in a biology class.
이제 생물학 수업의 강의 일부를 들어보세요.

Well, display behavior in animals is largely tied to survival . . . Basically, animals use signs and gestures to let other animals know what they need or want. Today I'd like to discuss some different ways that animals use display behavior to communicate.
First of all, animals often exhibit territorial behavior. In nature, animals need to defend the area in which they live, as they depend on it for resources . . . Um, let's use crows as an example . . . I'm sure everyone is familiar with the loud *caw, caw* sound of crows. Well, they aren't just making noise. In fact, a male crow will produce distinctive cries to make sure every other male in the area knows about its presence. The cries act as a warning. And, um, if that doesn't work, the crows can puff up their feathers. This makes them look bigger than they are, so they appear more threatening.
Then there are the things males do to attract a mate . . . And the main goal of this is, of course, to eventually reproduce. The male hummingbird, for instance, will position itself in front of a possible mate and then move its head from side to side. Um, this makes its colorful neck feathers more visible to the female, making him more attractive. In addition, the male hummingbird will fly up in the air and dive down over and over again. He does this right in front of the female, hoping to capture her attention.

음, 동물들의 과시 행동은 대체로 생존과 관련이 있답니다... 기본적으로, 동물들은 그들이 무엇을 필요로 하거나 원하는지 다른 동물들에게 알리기 위해 신호와 몸짓을 사용하지요. 오늘은 동물들이 의사소통을 하기 위해 과시 행동을 사용하는 몇몇 다른 방법들을 논의해 봅시다.
먼저, 동물들은 종종 세력권을 주장하는 행동을 보입니다. 자연에서, 동물들은 자원을 얻기 위해 그들이 살고 있는 지역에 의존하므로, 그곳을 방어할 필요가 있지요... 음, 까마귀를 예로 들어봅시다... 모두들 까마귀의 커다란 까악까악 소리에 익숙할 것이라 생각해요. 음, 그들은 사실 그냥 소리를 내는 것이 아니에요. 사실, 수컷 까마귀는 그 지역에 있는 다른 수컷들에게 그것의 존재를 확실히 하기 위해 독특한 울음소리를 만들어요. 이 울음소리는 경고 역할을 해요. 그리고, 음, 그것이 효과가 없으면, 까마귀들은 그들의 깃털을 부풀일 수 있어요. 이것은 그들을 실제보다 더 크게 보이게 해서, 더 위협적으로 보이게 해요.

그리고 수컷들이 짝을 유혹하기 위해 하는 것들이 있어요... 그리고 이것의 주된 목적은, 당연히, 결국에는 번식하기 위해서죠. 예를 들어, 수컷 벌새는, 잠재적인 짝 앞에 자신의 자리를 잡은 뒤 머리를 옆에서 옆으로 움직여요. 음, 이것은 수컷 벌새의 화려한 목 깃털을 암컷에게 더 잘 보이게 만들어서, 수컷을 더 매력적이게 만들죠. 게다가, 수컷 벌새는 공중에 날아오른 뒤 계속해서 급강하해요. 수컷은 암컷의 관심을 사로잡기를 바라면서, 이것을 암컷 바로 앞에서 해요.

Using the examples of crows and the male hummingbird, describe two types of animal display behavior.

까마귀와 수컷 벌새의 예를 이용하여, 동물의 과시 행동의 두 가지 유형을 설명하세요.

largely [láːrdʒli] 대체로　tied to ~와 관련 있는　territorial [tèrətɔ́ːriəl] 세력권을 주장하는　distinctive [distíŋktiv] 독특한　puff up 부풀리다　fly up 날아오르다　dive down 급강하하다

02 듣기 노트

effects of self-confidence 자신감의 효과
1. ↑ ability to handle life frust. 삶에서의 좌절을 처리하는 능력 향상
   - worthwhile, X worry mistakes 가치가 있음, 실수를 걱정하지 않음
   - ex) daughter fail exam, cheer herself up 예) 딸이 시험 낙제함, 스스로 기운을 냄
2. personal growth 개인의 성장
   - learn & grow → succeed 배우고 성장하여 성공
   - ex) work harder → grade↑ 예) 더 열심히 공부하여 성적 향상

스크립트 및 해석　Q4_4

Now listen to part of a talk in a psychology class.

이제 심리학 수업의 강의 일부를 들어보세요.

> Well, we all know that having self-confidence is important . . . It affects how we feel and how we see ourselves . . . and, well, also how other people perceive us. The effects of self-confidence are beneficial in two ways.
> Being self-confident definitely improves a person's ability to handle life's frustrations. Self-confident people know that they're worthwhile and don't worry so much about their mistakes. They understand that everyone makes mistakes, so, uh, they don't let it get them down. Um, let me tell you about my daughter, who, I'm proud to say, is a very self-confident young lady. She's attending a university, and a little while back she failed an important biology exam . . . Even though she was quite upset about it, she cheered herself up. She did this by remembering that it was just one test out of hundreds that she would have to take . . . and that failing one test wasn't the end of the world.
> Having self-confidence can also lead to personal growth. Confident people are more willing to learn and grow from their mistakes . . . Eventually, this growth can help them succeed. This applies both at school, and later in life in their careers. So, going back to my daughter . . . she realized that she hadn't studied hard enough for her exam. And she wasn't going to make the same mistake twice . . . So she worked harder when it was time to take the next exam. She studied so much that we barely saw her! And in the end . . . guess what? Her grade improved significantly.

음, 우리는 모두 자신감을 갖는 것이 중요하다는 것을 알죠... 그것은 우리가 어떻게 느끼는지와 우리 자신을 어떻게 보는지에 영향을 미쳐요... 그리고, 음, 또한 다른 사람들이 우리를 어떻게 인지하는지에도요. 자신감의 효과는 두 가지 방식으로 유익합니다.

자신감을 갖는 것은 한 사람이 삶에서의 좌절을 처리하는 능력을 확실히 향상시킵니다. 자신감이 있는 사람들은 자신들이 가치가 있다는 것을 알고 있고, 그들의 실수에 대해 별로 걱정하지 않습니다. 그들은 모두가 실수한다는 것을 알고 있고, 그래서, 어, 그것 때문에 우울해하지 않아요. 음, 매우 자신감이 있는 젊은 여성이라고 자랑스럽게 이야기할 수 있는, 제 딸에 대한 이야기를 해볼게요. 그녀는 대학에 다니고 있는데, 얼마 전에 중요한 생물 시험에 낙제했답니다... 비록 그녀는 그것에 대해 꽤 속상해했지만, 스스로 기운을 내더라고요. 그녀는 그것이 앞으로 치러야 하는 수백 건의 시험 중에 그저 하나일 뿐이라는 것을 상기하면서 기운을 냈어요... 그리고 시험 하나에 낙제하는 것이 세상의 끝은 아니라는 것도요.

자신감을 가지는 것은 개인의 성장으로도 이어질 수도 있습니다. 자신감이 있는 사람들은 그들의 실수로부터 더욱 기꺼이 배우고 성장하려고 합니다... 결국에는, 이러한 성장이 그들을 성공하도록 도와줄 수 있지요. 이것은 학교에서도, 그리고 추후에 직장 생활에서도 적용됩니다. 자, 제 딸 이야기로 돌아가 보면... 그녀는 시험을 위해 충분히 열심히 공부하지 않았다는 것을 깨달았어요. 그리고 같은 실수를 두 번은 하지 않을 생각이었죠... 그래서 그녀는 다음 시험을 치를 때가 되었을 때 더욱 열심히 공부했습니다. 너무 많이 공부해서 저희는 그녀를 거의 보지도 못했어요! 그리고 마침내... 어떻게 됐을까요? 그녀의 성적은 상당히 향상되었답니다.

Using points and examples from the talk, describe two effects of self-confidence.

강의의 중심 내용과 예를 이용하여, 자신감의 두 가지 효과를 설명하세요.

self-confidence[sélfkɑ̀nfədəns] 자신감 beneficial[bènəfíʃəl] 유익한 frustration[frʌstréiʃən] 좌절
worthwhile[wə́ːrθhwàil] 가치 있는, 훌륭한 apply[əplái] 적용하다 barely[bɛ́ərli] 거의 ~않다
significantly[signífikəntli] 상당히

COURSE 03 | 노트 바탕으로 말하기

HACKERS PRACTICE

p.122

01 듣기 노트

```
mechan. protect plants ↔ fire   식물을 불로부터 보호하는 기제

 1. thick, self-pruning trunk   두꺼운 자연 낙지의 줄기
    - outside burn, ↓ catch fire   겉만 타고 불이 덜 붙음
    - ex) Cal. redwood: X catch fire, blacken outside
      예) 캘리포니아 삼나무는 불이 붙지 않아 겉만 검어짐

 2. shoots under bark   나무껍질 아래 새싹
    - sprout from damaged parts   손상된 부분에서 싹틈
    - ex) eucal.: burn → shoots take hold in roots & grow
      예) 유칼립투스는 타면 새싹이 뿌리 안에서 뿌리를 내리고 자람
```

말하기 🎤 Q4_6

주제

① **The professor explains** mechanisms that protect plants against fire / ② **by giving two examples**.

소주제 1 + 부연 설명

③ **First,** / **she describes** a thick, / self-pruning trunk.

If a trunk is thick, / only the outside will burn. ④ Also, / a self-pruning tree is less likely to catch fire. ⑤ For example, / when fires hit the forest, / the California redwoods rarely catch fire, / and they only blacken on the outside during fires.

소주제 2 + 부연 설명

⑥ **Second, / she describes** shoots that are buried under bark.

They can later sprout / from the damaged parts of a tree. She mentions the example of the eucalyptus tree. Even after the tree is burned, / ⑦ its shoots are able to take hold in the roots, / and the tree can grow again.

해석 교수는 두 가지 예를 들어 식물들을 불로부터 보호하는 기제들을 설명한다.
첫째로, 그녀는 두꺼운 자연 낙지의 줄기를 설명한다.
줄기가 두꺼우면 겉만 탈 것이다. 또한, 자연 낙지의 나무는 불이 붙을 가능성이 더 적다. 예를 들어, 불이 숲을 강타하면, 캘리포니아 삼나무는 불이 잘 붙지 않고 불이 난 동안 겉만 검어진다.
둘째로, 그녀는 나무껍질 아래 묻힌 새싹을 설명한다.
새싹들은 나중에 나무의 손상된 부분에서 싹틀 수 있다. 그녀는 유칼립투스 나무의 예를 든다. 나무가 타버린 후에도, 새싹들은 뿌리 안에서 뿌리를 내릴 수 있고, 나무는 다시 자랄 수 있다.

스크립트 및 해석 Q4_5

Now listen to part of a talk in a biology class.
이제 생물학 수업의 강의 일부를 들어보세요.

> As you know, fire is one of the biggest dangers faced by trees and plants. Plants have evolved two mechanisms that protect them against fire.
> First, some trees have a thick, self-pruning trunk that helps protect against fire. If a trunk is thick, it can survive fires since only its outside will burn during a fire. And if a trunk is self-pruning, it means that the tree sheds its own limbs and branches . . . So it won't have branches close to the ground. This makes the tree less likely to catch fire. The California redwood is an example of a tree with these features . . . when forest fires hit the area, well, the trees don't often catch fire because they self-prune. And, if the trees do in fact catch fire, their thick trunks ensure that they only blacken on the outside, but rarely burn completely through.
> Plant shoots have also adapted to deal with fire. Lots of trees have shoots that are buried deep under the bark. Shoots are the parts of the tree that regenerate . . . the first new parts . . . and having them deep within the bark is an advantage if a fire occurs. They're later able to sprout from the damaged parts of a tree. Take the eucalyptus tree, for example . . . that's the tree koalas always eat. Well, that tree can burn until only the roots are left . . . but the shoots are able to take hold in the leftover roots, and the tree can grow again.

여러분이 알다시피, 불은 나무와 식물들이 접하는 가장 큰 위험 요소들 중 하나입니다. 식물들은 불로부터 그들을 보호하는 두 가지 기제들을 진화시켜 왔어요.
먼저, 어떤 나무들은 불로부터 보호하도록 돕는 두꺼운 자연 낙지의 줄기를 가지고 있어요. 만약 줄기가 두꺼우면, 불이 난 동안 겉만 탈 것이기 때문에 불을 견뎌낼 수 있지요. 그리고 만약 줄기가 자연 낙지라면, 그것은 그 나무가 스스로의 가지들을 떨어뜨린다는 뜻인데… 따라서 땅에 가까운 가지가 없을 거예요. 이는 나무에 불이 붙을 가능성을 더 적게 합니다. 캘리포니아 삼나무는 이러한 특징들을 가진

나무의 한 예인데요... 산불이 그 지역을 강타하면, 음, 이 나무들은 자연 낙지이기 때문에 보통 불이 붙지 않아요. 그리고 만약 이 나무들에 실제로 불이 붙어도, 나무의 두꺼운 줄기는 겉만 검어지고 완전히 타버리는 일은 드물도록 보장하죠.

식물의 새싹 또한 불을 다룰 수 있게 적응해 왔습니다. 많은 나무들은 나무껍질 아래 깊숙이 묻힌 새싹을 가지고 있어요. 새싹은 나무의 재생하는 부분... 처음으로 새로 자라는 부분이죠... 그리고 불이 나면 그것들을 나무껍질 속 깊숙이 가지고 있는 것은 유리해요. 새싹들은 나중에 나무의 손상된 부분에서 싹틀 수 있습니다. 유칼립투스 나무를 예로 들어 보죠... 이것이 코알라들이 항상 먹는 나무예요. 음, 그 나무는 오직 뿌리만 남을 때까지 탈 수 있어요... 그러나 새싹들은 남은 뿌리 안에서 뿌리를 내릴 수 있고, 나무는 다시 자랄 수 있지요.

Using points and examples from the talk, describe two ways plants are protected against fires.
강의의 중심 내용과 예를 이용하여, 식물이 불로부터 보호되는 두 가지 방식을 설명하세요.

evolve [iválv] 진화시키다   mechanism [mékənìzm] 기제   self-pruning [sélfprùːniŋ] 자연 낙지의 (가지가 자연적으로 떨어지는)
trunk [trʌŋk] (나무의) 줄기   shed [ʃed] (잎 등을) 저절로 떨어지게 하다   limb [lim] 큰 가지   branch [bræntʃ] (나뭇)가지
redwood [rédwùd] 삼나무   blacken [blǽkən] 검어지다   shoot [ʃuːt] 새싹   bark [bɑːrk] 나무껍질
regenerate [ridʒénərèit] 재생시키다   sprout [spraut] 싹이 트다   take hold 뿌리를 내리다   leftover [léftòuvər] 남은

02 듣기 노트

> entry barriers 진입 장벽
>
> 1. capital: $ to start biz. 자본금: 사업을 시작할 돈
>   - friend open bag factory 친구가 가방 공장을 엶
>   - needed space, equip., material 공간, 장비, 재료 필요
>
> 2. control of resources: a few fac. control material 자원의 통제: 일부가 재료를 통제하는 것
>   - ↑quality leather contract w/ brand 고급 가죽은 브랜드와 계약
>   - long time to find supplier 공급자를 찾는 데 오랜 시간 소요

말하기 Q4_8

주제

The professor explains ① two types of entry barriers / by giving an example.

소주제 1 + 부연 설명

First, / he describes capital, / which is ② money that is used to start up a business.

He uses the example of ③ his friend / who recently opened a bag factory. She needed capital ④ to rent a space, / purchase equipment, / and buy materials like leather.

소주제 2 + 부연 설명

Second, / he describes control of resources, / ⑤ which means that only a few factories / have control over the materials / most factories need.

For example, / most of the high-quality leather producers / ⑥ had exclusive contracts with well-known brands. So it took a long time ⑦ for his friend / to find a supplier.

해석   교수는 한 가지 예를 들어 두 가지 유형의 진입 장벽을 설명한다.
        첫째로, 그는 사업을 시작하는 데 사용되는 돈인, 자본금을 설명한다.
        그는 최근에 가방 공장을 연 그의 친구의 예를 든다. 그녀는 공간을 임대하고, 장비를 구입하고, 가죽 같은 재료를 살 자본금이 필요했다.
        둘째로, 그는 소수의 공장들만이 대부분의 공장들이 필요로 하는 재료를 통제하는 것을 뜻하는 자원의 통제를 설명한다.
        예를 들어, 대부분의 고급 가죽 생산업체들은 유명 브랜드들과 독점 계약을 맺었다. 그래서 그의 친구는 공급업체를 찾는 데 오랜 시간이 걸렸다.

스크립트 및 해석   Q4_7

Now listen to part of a talk in an economics class.
이제 경제학 수업의 강의 일부를 들어보세요.

> Now, everyone knows that entering a new market or industry is not easy. No matter what you do, there will always be risks and things to take into consideration. Certain factors can definitely slow down or even prevent any success. Today, we are going to take a closer look at a couple of these entry barriers.
> Let's start with capital, uh, in other words, money that is used to start up a business. You know the saying, "It takes money to make money." For example, I have a friend who recently opened a bag factory. And before she did anything else, she needed to get enough capital to rent a large space and purchase all sorts of equipment, like industrial-sized sewing machines. She also had to buy large amounts of material, like leather.
> Another thing to consider is control of resources . . . What happens is, only a few factories have control over the materials most factories need. So, before my friend started her bag factory, she had to look into who controlled the materials in her industry . . . and it turned out that most of the high-quality leather producers were unavailable to her. This was because they already had exclusive contracts with well-known brands in the handbag industry. In other words, most of the leather producers wouldn't sell their leather to other bag makers . . . So it took a really long time before my friend found a supplier.

자, 새로운 시장이나 산업에 들어가는 게 쉽지 않다는 것은 누구나 알죠. 무엇을 하든 간에, 언제나 위험 요소와 고려해야 할 것들이 있을 거예요. 특정 요인들은 확실히 어떠한 성공이라도 늦추거나 심지어 막기까지 할 수 있습니다. 오늘은 이러한 진입 장벽 중 두 가지에 대해 좀 더 자세히 살펴볼 거예요.
자본금, 어, 다시 말해서, 사업을 시작하는 데 사용되는 돈부터 시작해 봅시다. '돈을 벌려면 돈이 든다'라는 말 아시죠. 예를 들어, 저는 최근에 가방 공장을 연 친구가 한 명 있어요. 그리고 그녀는 다른 일을 하기 전에 넓은 공간을 임대하고, 공업용 재봉틀 같은 모든 종류의 장비를 구입하기에 충분한 자본금을 구해야 했습니다. 그녀는 또한 가죽 같은 재료를 대량 구입해야 했죠.
또 고려할 것은 자원의 통제인데요... 어떤 일이 생기는 거냐면, 소수의 공장들만이 대부분의 공장들이 필요로 하는 재료를 통제하는 거죠. 자, 제 친구는 가방 공장을 열기 전에, 누가 그 업계에서 재료를 통제하는지 조사해야 했죠... 그리고 그녀가 대부분의 고급 가죽 생산업체들을 이용할 수 없다는 것이 밝혀졌죠. 이는 그들이 이미 핸드백 업계에서 유명한 브랜드들과 독점 계약을 맺었기 때문이었어요. 다시 말해서, 대부분의 가죽 생산업체들은 그들의 가죽을 다른 가방 제조업체들에 팔지 않을 거예요... 따라서 제 친구는 공급업체를 찾기까지 정말 오랜 시간이 걸렸죠.

Using points and examples from the talk, describe two types of entry barriers.
강의의 중심 내용과 예를 이용하여, 진입 장벽의 두 가지 유형을 설명하세요.

take into consideration 고려하다   slow down (속도·진행을) 늦추다, 낮추다   entry barrier 진입 장벽   capital[kǽpətl] 자본금
industrial-sized[indʌ́striəlsàizd] 공업용의   sewing machine 재봉틀   control[kəntróul] 통제
unavailable[ʌ̀nəvéiləbl] 이용할 수 없는   exclusive[iksklú:siv] 독점적인   contract[kɑ́:ntrækt] 계약

03 듣기 노트

```
animals' protect. adapt.  동물들의 방어적 적응
  1. camouflage  위장
     - blend w/ surroundings → predators X see  주변환경에 섞여서 포식자들이 못 봄
     - ex) stick insect: twigs, X notice when X moving
       예) 대벌레: 나뭇가지처럼 보여서 움직이지 않으면 못 알아봄
  2. armor  방호 기관
     - hard material, acts as shield  단단한 물질로 만들어져서 방패 역할을 함
     - ex) tortoise: threaten → into shell, X bite
       예) 거북이: 위협을 느끼면 등껍질 안으로 들어가서 포식자들이 물어뜯지 못함
```

말하기 🎤 Q4_10

주제

The professor explains ① animals' protective adaptations / by giving two examples.

소주제 1 + 부연 설명

First, / she describes camouflage.

Camouflage helps animals blend in with their surroundings / ② so that predators can't see them. She uses the example of stick insects. ③ They look like twigs / and are really hard to notice, / especially when they aren't moving.

소주제 2 + 부연 설명

Second, / she describes armor.

Armor is made up of hard material / and ④ acts as a shield against predators. For example, / when a tortoise is threatened by a predator, / ⑤ it pulls itself into its shell / for safety. The hard shell ⑥ stops the predator / from biting through.

해석　교수는 두 가지 예를 들어 동물들의 방어적 적응을 설명한다.
　　　첫째로, 그녀는 위장을 설명한다.
　　　위장은 포식자들이 볼 수 없도록 동물들이 주변 환경에 섞이는 것을 도와준다. 그녀는 대벌레의 예를 든다. 그들은 특히 움직이지 않으면, 나뭇가지로 보여서 알아보기 정말 힘들다.
　　　둘째로, 그녀는 방호 기관을 설명한다.
　　　방호 기관은 단단한 물질로 만들어져 있고 포식자들에 대항하는 방패 역할을 한다. 예를 들어, 거북이는 포식자에게 위협을 받으면, 안전을 위해 등껍질 안으로 들어간다. 그 단단한 등껍질은 포식자들이 물어뜯는 것을 막는다.

스크립트 및 해석 Q4_9

Now listen to part of a talk in a biology class.
이제 생물학 수업의 강의 일부를 들어보세요.

> Out in the wild, every day is a struggle for survival. Animals not only have to find food, but they've also got to protect themselves from danger. So, what do they do? Well, it's pretty amazing, actually . . . They, um, have protective adaptations that help them survive. Basically, these are physical traits that developed as the animals evolved to fit their environment.
>
> A major advantage that some animals have is camouflage. It, uh, helps them blend in with their surroundings so that predators can't see them. If you've ever seen a stick insect, for instance, I'd be surprised. It's possibly one of the most effectively camouflaged creatures out there. They live mostly in forests and grasslands, where there are a lot of trees. They're green or brown and mostly long and thin, so they look just like twigs and are really hard to notice . . . especially when they aren't moving. Their appearance fools predators very effectively, so most of them will pass by the insect without even noticing it. Some animals have armor on their bodies to protect themselves. Armor is usually made up of hard materials like bone or mineral deposits and acts as a sort of shield against predator attacks. Consider tortoises as an example. These animals would be extremely vulnerable without their armor. A tortoise is a very slow creature, so it can't exactly run away . . . And it isn't really capable of fighting off an aggressor. So what does it do? When it's threatened, it pulls itself into its shell for safety . . . The shell, or armor, is hard enough to stop predators from biting through.

야생에서는 하루하루가 생존을 위한 투쟁이죠. 동물들은 먹이를 구해야 할 뿐 아니라 위험으로부터 자신을 보호해야 합니다. 그러면, 그들은 무엇을 할까요? 음, 사실 꽤 놀라운데요... 그들은, 음, 생존하도록 도와주는 방어적 적응을 가지고 있답니다. 기본적으로, 이것은 동물들이 그들의 환경에 적응하기 위해 진화하면서 발달한 신체적 특징입니다.

몇몇 동물들이 가지고 있는 주요한 이점은 위장이에요. 그것은, 어, 포식자들이 그들을 볼 수 없도록 주변환경에 섞이는 것을 도와준답니다. 예를 들어, 여러분이 대벌레를 보신 적이 있다면, 저는 놀랄 거예요. 그것은 아마도 야생에서 가장 효과적으로 위장하는 생물 중 하나거든요. 그들은 대개 나무가 많은 숲과 초원에 살아요. 그들은 초록색이거나 갈색이고 대개 길고 얇아서, 꼭 나뭇가지처럼 보이고 알아보기 정말 힘들죠... 특히 움직이지 않을 때요. 그들의 겉모습은 포식자들을 매우 효과적으로 속여서, 포식자 대부분은 그 곤충을 알아채지도 못한 채 지나갈 것입니다.

어떤 동물들은 그들 자신을 보호하기 위해 몸에 방호 기관을 가지고 있죠. 방호 기관은 주로 뼈나 광상처럼 단단한 물질로 만들어져 있고, 포식자의 공격에 대항하는 일종의 방패 역할을 해요. 거북이를 예로 생각해 보세요. 이 동물들은 방호 기관이 없으면 극도로 공격받기 쉬울 거예요. 거북이는 굉장히 느린 생물이라서 엄밀하게는 뛰어갈 수가 없죠... 그리고 이것은 공격하는 상대에 대항할 능력이 정말 없어요. 그러면 그것은 어떻게 할까요? 위협을 받으면, 그것은 안전을 위해 등껍질 안으로 들어가요... 그 등껍질, 혹은 방호 기관은 포식자들이 물어뜯는 것을 막을 수 있을 만큼 충분히 단단합니다.

Using points and examples from the talk, describe two ways animals have adapted to protect themselves.
강의의 중심 내용과 예를 이용하여, 동물들이 스스로를 보호하기 위해 적응한 두 가지 방식을 설명하세요.

struggle[strʌ́gl] 투쟁 protective adaptation 방어적 적응 fit[fit] 적응시키다 camouflage[kǽməflɑ̀ːʒ] 위장
blend in with ~와 섞이다, ~와 조화를 이루다 stick insect 대벌레 twig[twig] 나뭇가지 armor[ɑ́ːrmər] 방호 기관
mineral deposit 광상 shield[ʃiːld] 방패 tortoise[tɔ́ːrtəs] 거북 vulnerable[vʌ́lnərəbl] 공격받기 쉬운

04 듣기 노트

○ pricing strategies 가격 책정 전략
○ 1. premium 프리미엄
  - ↑than average → exceptional 평균보다 더 비싼 가격은 특별한 것을 사고 있다고 믿게 함
○ - ex) designer shoes: pay a lot = good
  예) 디자이너 구두: 많은 돈을 지불하면 좋을 것이라고 추정함
○ 2. psycho. 심리적
  - sell a little↓ → bargain 조금 더 싸게 팔면 싸게 사는 거라고 믿음
○ - ex) shoes $99 = cheap & buy 예) 99달러짜리 구두가 싸다고 느껴서 구입함

말하기 🎤 Q4_12

주제

The professor explains ① types of pricing strategies / **by giving two examples**.

소주제 1 + 부연 설명

First, / he describes ② premium pricing.

Retailers sell things / at higher than average prices, / ③ and customers believe / they're buying something exceptional. He uses the example of designer shoes. Buyers assume / that ④ if they pay a lot, / the product is going to be good.

소주제 2 + 부연 설명

Second, / he describes ⑤ psychological pricing.

⑥ Retailers sell products for a little bit less, / and customers believe / they're getting a real bargain. He mentions the example of ⑦ shoes priced at $99. Customers will feel / that the shoes are cheap / and ⑧ will be more likely to buy them / even if they don't need them.

해석 교수는 두 가지 예를 들어 가격 책정 전략의 유형을 설명한다.
첫째로, 그는 프리미엄 가격 책정을 설명한다.
소매점은 물건을 평균가보다 더 비싸게 팔고, 소비자들은 무언가 특별한 것을 사고 있다고 믿는다. 그는 디자이너가 만든 구두를 예로 든다. 구매자들은 많은 돈을 지불하면 물건이 좋을 것이라고 추정한다.
둘째로, 그는 심리적 가격 책정을 설명한다.
소매점은 물건을 조금 더 싸게 팔고, 소비자들은 그들이 정말 싸게 사는 거라고 믿는다. 그는 99달러로 가격이 매겨진 구두의 예를 든다. 소비자들은 그 구두가 싸다고 느낄 것이고, 필요하지 않더라도 그 구두를 살 가능성이 더 높아질 것이다.

스크립트 및 해석 🎧 Q4_11

Now listen to part of a talk in an economics class.
이제 경제학 수업의 강의 일부를 들어보세요.

Knowing the value of a dollar is important. When you shop, you definitely want to get your money's worth, and you don't want to feel as though you're being overcharged. That's why it's essential to be aware of the variety of pricing strategies retailers use to sell their products.

Now, with premium pricing, retailers sell their products at higher than average prices. They do this mostly to make us believe we're buying something exceptional. The goal is to maximize profits for certain items that people are willing to spend extra money on. Take designer shoes, for instance . . . Why do people spend so much money to own them? Is it because they are of the best quality, or . . . is it because the price tag has led them to believe that they are? Buyers tend to assume that if they pay a lot for something, it's going to be good. And this assumption is understandable. After all, we've all heard the expression that you get what you pay for, right?

Then there's a sneaky technique known as psychological pricing—which, as you might guess, is designed to exploit the average consumer's mentality. Here, retailers sell items for just a little bit less—a trivial discount that will not affect profits. Yet customers are made to believe they're getting the most out of their money, uh, that they're getting a real bargain. For example, let's say you see a pair of shoes priced at, say, $99. What's the point? Why not $100? It's only a 1 percent difference in price . . . hardly anything at all. Well, even though the price is only slightly less than $100, most customers will feel that it's pretty cheap, and they're going to be more likely to buy the shoes even if they don't need them.

돈의 가치를 아는 것은 중요합니다. 물건을 살 때, 여러분은 확실히 본전을 뽑기를 원하고, 마치 바가지를 쓰고 있는 듯한 느낌을 받는 것을 원하지 않죠. 그것이 소매점이 제품을 판매하기 위해 사용하는 다양한 가격 책정 전략을 아는 것이 중요한 이유입니다.

자, 프리미엄 가격 책정으로, 소매점은 제품을 평균가보다 더 비싸게 팝니다. 그들은 대개 우리가 무언가 특별한 것을 사고 있다고 믿게 하기 위해 이것을 하죠. 목표는 사람들이 기꺼이 여분의 돈을 쓰는 특정 물건들의 이윤을 극대화하는 것입니다. 디자이너가 만든 구두의 예를 들어보죠... 왜 사람들은 그것을 가지기 위해 그렇게 많은 돈을 쓸까요? 그것의 품질이 최고라서 그런 걸까요, 아니면... 가격표가 사람들로 하여금 그렇다고 믿게 만들어서 그런 걸까요? 구매자들은 무언가에 많은 돈을 지불하면, 그것이 좋을 것이라고 추정하는 경향이 있습니다. 그리고 이러한 추정은 당연한 것입니다. 결국, 우리는 돈을 낸 만큼 얻는다는 표현을 들어봤잖아요, 그렇죠?

또 심리적 가격 책정으로 알려진 교활한 기법이 있습니다. 이것은, 추측할 수 있듯이, 일반적인 소비자의 사고방식을 이용하도록 만들어져 있죠. 여기서, 소매점은 물건을 아주 조금 더 싸게 파는데요, 이윤에 영향을 미치지 않을 만큼 아주 적은 할인이죠. 하지만 소비자들은 돈을 최대한으로 활용해서, 어, 자신들이 정말 싸게 사는 거라고 믿게 되는 거죠. 예를 들어, 여러분이, 음, 99달러로 가격이 매겨진 구두 한 켤레를 본다고 합시다. 이유가 뭐죠? 왜 100달러가 아닌 걸까요? 가격이 불과 1퍼센트만 다른 건데 말이죠... 거의 아무것도 아닌 거죠. 자, 비록 가격은 100달러보다 약간만 더 낮을 뿐이지만, 대부분의 소비자들은 꽤 싸다고 느낄 것이고, 필요하지 않더라도 그 구두를 살 가능성이 더 높아지는 거죠.

Using points and examples from the talk, describe two pricing strategies.
강의의 중심 내용과 예를 이용하여, 두 가지 가격 책정 전략을 설명하세요.

get one's money's worth 본전을 뽑다 overcharge [òuvərtʃɑ́:rdʒ] 바가지를 씌우다 pricing [práisiŋ] 가격 책정
retailer [rí:teilər] 소매점 exceptional [iksépʃənl] 특별한, 특출한 maximize [mǽksəmàiz] 극대화하다 profit [práfit] 이윤
price tag 가격표 sneaky [sní:ki] 교활한 get the most out of ~을 최대한으로 활용하다
bargain [bá:rgən] (정상가보다) 싸게 사는 물건

HACKERS TEST

p.126

01 듣기 노트

- types of tears 눈물의 유형
  1. reflex 반사
     - physio. response from irritation, protect eyes 자극으로부터의 생리 반응은 눈 보호
     - dust in eye, brain send hormones → tears → X dust
       눈에 먼지가 들어가면, 뇌가 호르몬 보내고 눈물 생성하여 먼지 제거
  2. psychic 정신적
     - emotional response → X stress hormones 감정적 반응은 스트레스 호르몬 제거
     - physical pain, painkiller 육체적 고통 느낄 때 발생하며 진통제 함유

말하기 🎤 🎧 Q4_14

주제

The professor explains ① types of tears / by giving two examples.

소주제 1 + 부연 설명

First, / she describes ② reflex tears.

③ She says / that they are a physiological response that results from irritation. They help protect the eyes. When a piece of dust gets in the eye, / the brain sends hormones, / and ④ the eyes produce tears that get rid of the dust.

소주제 2 + 부연 설명

Second, / she describes ⑤ psychic tears.

She says / that these tears represent ⑥ an emotional response. / They help your body get rid of stress hormones. Psychic tears also occur / when we feel physical pain, / ⑦ and they contain a natural painkiller.

These examples demonstrate two types of tears.

해석 교수는 두 가지 예를 들어 눈물의 유형을 설명한다.
첫째로, 그녀는 반사 눈물을 설명한다.
그녀는 이것이 자극으로부터 발생하는 생리 반응이라고 말한다. 반사 눈물은 눈을 보호하도록 돕는다. 먼지 조각 하나가 눈에 들어가면, 뇌는 호르몬을 보내고, 눈은 먼지를 제거하는 눈물을 생성한다.
둘째로, 그녀는 정신적 눈물을 설명한다.
그녀는 이 눈물이 감정적인 반응을 나타낸다고 말한다. 이는 몸이 스트레스 호르몬을 제거하도록 돕는다. 정신적 눈물은 또한 우리가 육체적 고통을 느낄 때도 발생하며, 자연적인 진통제를 함유한다.
이러한 예는 두 가지 유형의 눈물을 보여준다.

스크립트 및 해석 Q4_13

Now listen to part of a talk in a biology class.
이제 생물학 수업의 강의 일부를 들어보세요.

> Tears are a lot more complicated than they seem. There's more to them than just water, you know. They're filled with all sorts of vitamins and nutrients that are necessary to keep our eyes healthy. Today, we are going to focus on two types of tears. Did you know there is more than one kind?
> Let's start with reflex tears. They are a physiological response that results from irritation. They're shed to help protect your eyes from harsh substances, like dust, smoke, or even the gas that is released when onions are chopped. What happens is, um, let's say a piece of dust gets in your eye. The nerves in your eye send a message to your brain and your brain sends hormones down to your eyelids. These hormones produce tears that basically wash your eye out and get rid of the piece of dust. So this kind of tears functions like a cleaning system that keeps our eyes healthy.
> The other type is called psychic tears. These tears are shed because of an emotional response to something, such as the feeling of sadness at the loss of a loved one. Or, for instance, I'm sure many of us have started crying during a sad movie at some point. But did you know that the effect can be positive? In fact, tears can actually improve your mood because the tears help your body get rid of stress hormones and other toxins. In addition to the emotional causes, psychic tears also occur when we experience physical pain due to an injury . . . the tears relieve the pain because they contain a natural painkiller. So you see, this is why crying can actually make you feel better sometimes.

눈물은 보기보다 훨씬 더 복잡합니다. 그러니까, 눈물에는 단순히 물보다는 더 많은 것이 있지요. 눈물은 우리의 눈을 건강하게 유지하는 데 필요한 모든 종류의 비타민과 영양분으로 가득 차 있습니다. 오늘, 우리는 두 가지 유형의 눈물에 대해 집중할 것입니다. 눈물에 한 가지 이상의 종류가 있다는 것을 알고 계셨나요?
반사 눈물부터 시작해봅시다. 이것은 자극으로부터 발생하는 생리 반응입니다. 이것은 먼지, 연기, 또는 심지어 양파가 잘게 썰릴 때 방출되는 가스처럼 거슬리는 물질로부터 눈을 보호하도록 돕기 위해 흘려지죠. 어떤 일이 벌어지느냐면, 음, 먼지 조각 하나가 눈에 들어갔다고 합시다. 눈의 신경이 뇌에 신호를 보내고, 뇌는 호르몬을 눈꺼풀로 내려 보냅니다. 이 호르몬이 기본적으로 눈을 씻어내고 먼지 조각을 제거하는 눈물을 생성하는 거죠. 그래서 이런 종류의 눈물은 우리 눈을 건강하게 유지시키는 세정 시스템과 같은 기능을 합니다.
다른 유형은 정신적 눈물이라고 불립니다. 이 눈물은 사랑하는 사람을 잃은 데 대한 슬픔의 감정처럼 무언가에 대한 감정적인 반응 때문에 흘려지죠. 또는, 예를 들어, 저는 우리 중 많은 사람들이 슬픈 영화의 어떤 시점에 울기 시작했을 것이라 확신합니다. 그런데 그 효과가 긍정적일 수 있다는 것을 알고 있었나요? 사실, 눈물은 몸이 스트레스 호르몬과 다른 독소를 제거하도록 돕기 때문에, 정신적 눈물은 실제로 기분을 나아지게 할 수 있어요. 감정적인 원인뿐 아니라, 정신적 눈물은 또한 우리가 부상으로 인한 육체적 고통을 경험할 때 발생합니다... 눈물은 자연적인 진통제를 함유하기 때문에 고통을 경감시키죠. 자, 이것이 우는 것이 실제로 때때로 기분이 더 나아지도록 만들 수 있는 이유예요.

Using points and examples from the talk, describe two types of tears.
강의의 중심 내용과 예를 이용하여, 눈물의 두 가지 유형을 설명하세요.

complicated [kámpləkèitid] 복잡한 **reflex** [ríːfleks] 반사적인 **physiological** [fìziəládʒikəl] 생리적인
irritation [ìrətéiʃən] 자극 **shed** [ʃed] 흘리다 **chop** [tʃɑp] (고기·야채를) 잘게 썰다 **nerve** [nəːrv] 신경 **eyelid** [áilìd] 눈꺼풀
wash out ~을 씻어내다 **get rid of** ~을 제거하다 **psychic** [sáikik] 정신적인 **toxin** [táksin] 독소
relieve [rilíːv] (고통·중압 등을) 경감하다 **painkiller** [péinkìlər] 진통제

02 듣기 노트

```
ways third party help resolve conflicts  제 3자가 갈등 해결을 돕는 방법
  1. mediation  조정
     - promote dialogue, ↑relationship & help understand
       대화 촉진, 관계 개선하고 이해 도움
     - goal: decision both agree, agreement reached → satisfied
       목표: 결정 양쪽이 동의, 합의 이뤄지면 모두가 만족
  2. arbitration  중재
     - listen both, make final decision  양쪽 듣고 최종 결정
     - must accept decision, guarantee resolution reached
       결정 수용해야 함, 해답에 이르는 것을 보장
```

말하기  Q4_16

주제

> The professor explains ① how a third party can help resolve conflicts / **by giving two examples**.

소주제 1 + 부연 설명

> **First**, / he describes ② mediation.
>
> ③ Mediators promote dialogue between people. He says / that this can improve the relationship / and help them understand each other's views. The goal is to come to a decision that both agree with. ④ So if an agreement is reached, / everyone is satisfied.

소주제 2 + 부연 설명

> **Second**, / he describes ⑤ arbitration.
>
> ⑥ Arbitrators listen to both sides / and then make a final decision. He explains / that the two parties must accept the arbitrator's decision, / ⑦ so this guarantees that a resolution will be reached.
>
> These examples demonstrate / two ways a third party helps resolve conflicts.

해석 교수는 두 가지 예를 들어 제 3자가 갈등 해결을 도울 수 있는 방법을 설명한다.
첫째로, 그는 조정을 설명한다.
조정자는 사람들 사이의 대화를 촉진한다. 그는 이것이 관계를 개선하고 그들이 서로의 관점을 이해하는 것을 도울 수 있다고 말한다. 목표는 양쪽이 동의하는 결정에 이르는 것이다. 따라서 합의가 이뤄지면 모두가 만족한다.
둘째로, 그는 중재를 설명한다.
중재자는 양쪽의 이야기를 듣고 최종 결정을 내린다. 그는 두 당사자가 중재자의 결정을 수용해야만 하는데, 그래서 이것이 해답에 이르는 것을 보장한다고 설명한다.
이러한 예는 제 3자가 갈등 해결을 돕는 두 가지 방법을 보여준다.

스크립트 및 해석   Q4_15

Now listen to part of a talk in a psychology class.
이제 심리학 수업의 강의 일부를 들어보세요.

> We all have different beliefs and personalities, so it's natural that interpersonal conflicts sometimes arise. But when two parties cannot resolve an issue by themselves, it's a good idea to seek help from an independent third party. Now let's look at a couple of ways that a third party can help people resolve conflicts.
>
> OK, so the first of these is mediation. In mediation, the primary role of mediators is to promote dialogue between the people who have the dispute. Um, they determine when each person can talk, make sure the discussion does not become too emotional, and try to build trust between the two people . . . things like that. So mediators are active participants in the negotiation. And the benefit? Mediators can improve the relationship and help each party to better understand the other's views. Now, the ultimate goal of mediation is for the two parties to come to a decision that both agree with. Thus, if an agreement is reached, the mediation ends, and everyone is satisfied.
>
> There's also a second common method for settling disputes, and this is called arbitration. Arbitration is a bit different . . . In fact, it's a little more like two people going in front of a judge. Instead of actively engaging in the dialogue, the arbitrator listens carefully to both sides—uh, each side has a chance to state their complaints in detail. Then, once all of the information has been presented, the arbitrator makes a final decision. What's particularly useful about arbitration is that the two parties must accept the arbitrator's decision regardless of whether they agree with it or not. Therefore, even though everyone might not be happy about the final result, well, this is one of the major advantages of arbitration . . . It always guarantees that a resolution will be reached.

우리 모두는 서로 다른 신념과 성격을 가지고 있어서, 때때로 대인 갈등이 일어나는 것은 자연스러운 일입니다. 그런데 두 당사자가 그들 스스로 문제를 해결할 수 없을 때, 독립적인 제 3자로부터 도움을 구하는 것이 좋아요. 이제 제 3자가 갈등을 해결하는 것을 돕는 두 가지 방법에 대해 살펴봅시다.

좋아요, 이것들 중 첫 번째는 조정이에요. 조정에서, 조정자들의 주된 역할은 분쟁 중인 사람들 사이의 대화를 촉진하는 거예요. 음, 그들은 언제 각자가 이야기할 수 있는지 결정하고, 논의가 너무 감정적으로 되지 않도록 하며, 두 사람 간의 신뢰를 구축하려고 해요... 그런 일들을 하죠. 그래서 조정자는 협상의 적극적인 참여자예요. 그 이익이요? 조정자들은 관계를 개선하고 각각의 당사자들이 다른 사람의 관점을 더 잘 이해할 수 있도록 도와주죠. 자, 조정의 궁극적인 목표는 두 당사자 양쪽 모두가 동의하는 결정에 이르는 거예요. 따라서, 합의가 이뤄지면, 조정이 끝나고 모두가 만족하게 되는 거죠.

분쟁을 해결하는 두 번째 일반적인 방법이 또 있는데, 이것은 중재라고 불리죠. 중재는 조금 다른데... 사실, 이것은 두 사람이 판사 앞에 가는 것과 거의 같아요. 적극적으로 대화에 관여하는 대신, 중재자는 양쪽의 이야기를 주의 깊게 들어요. 어, 각자 그들의 불만을 상세하게 말할 수 있는 기회를 갖죠. 그런 뒤, 모든 정보가 제공되면, 중재자는 최종 결정을 내려요. 중재가 특별히 유용한 점은 두 당사자가 동의하든지 안 하든지에 상관없이 중재자의 결정을 반드시 수용해야 한다는 거예요. 그러므로, 비록 모두가 최종 결과에 만족하지 않을 수 있다고 해도, 음, 이것이 중재의 주요한 장점 중의 하나인데... 해답에 이르는 것을 늘 보장한다는 거예요.

Using the points and examples from the talk, describe two ways a third party can help resolve conflicts.
강의의 중심 내용과 예를 이용하여, 제 3자가 갈등 해결을 도울 수 있는 두 가지 방법을 설명하세요.

interpersonal conflicts 대인 갈등   **party**[páːrti] 당사자   **resolve**[rizálv] 해결하다   **ultimate**[ʌ́ltəmət] 궁극적인
regardless of ~에 상관없이

Actual Test 1

p.132

1. 어떤 사람들은 휴대 전화가 학교에서 허용되어서는 안 된다고 생각합니다. 다른 사람들은 학생들이 휴대 전화를 가지고 다닐 권리가 있다고 생각합니다. 당신은 어느 쪽이 더 좋다고 생각하고, 그 이유는 무엇입니까?

아웃라인

> cell phones X 휴대 전화 허용 안 됨
>   1. disturb class 수업 방해
>   – ring → interrupt teacher 전화 울리면 선생님 방해
>   2. distracting 주의를 흐트러뜨림
>   – text messages 문자

말하기 🎤 🎧 AT1_5

> **I agree with the statement** / **that** cell phones should not be allowed in schools.
>
> **First**, / cell phones can disturb classes.
> **For example**, / if someone's phone rings, / it could interrupt the teacher. The teacher might forget what he or she is saying.
>
> **Second**, / they can be distracting.
> **To be specific**, / students can be distracted / by sending and receiving text messages. This could also distract others nearby.
>
> **For these reasons**, / I believe students shouldn't use their cell phones in school.

해석   나는 휴대 전화가 학교에서 허용되어서는 안 된다는 진술에 동의한다.
첫째로, 휴대 전화는 수업을 방해할 수 있다.
예를 들어, 누군가의 전화가 울리면, 선생님을 방해할 수 있다. 선생님은 말하고 있는 것을 잊어버릴지도 모른다.
둘째로, 휴대 전화는 주의를 흐트러뜨릴 수 있다.
구체적으로, 학생들은 문자를 주고받음으로써 주의가 흐트러질 수 있다. 이는 또한 가까이 있는 다른 학생들의 주의도 흐트러뜨릴 수 있다.
이러한 이유로, 나는 학생들이 학교에서 휴대 전화를 사용하면 안 된다고 생각한다.

어휘   **cell phone** 휴대 전화   **disturb**[distə́ːrb] 방해하다   **interrupt**[ìntərʌ́pt] 방해하다   **distract**[distrǽkt] 주의를 흐트러뜨리다

2. 읽기 노트

> assignment: attend play, write review 과제: 연극에 참석하고 논평 작성하기
>   – deadline: next week, ticket: 10% discount 기한은 다음 주이며 티켓 10% 할인됨

듣기 노트

W: X 여: 반대

1. deadline: too soon 기한이 너무 가까움
   – perform next month, still practicing 다음 달에 공연할 예정이라 여전히 연습 중임
2. discount: too small 할인이 너무 적음
   – spend $ on books & supplies → burdensome 책과 용품에 돈을 써서 부담스러움

말하기 🎤 AT1_6

According to the reading, / a theater professor has given his students an assignment / to attend a play and write a review.

The woman does not think it is a good idea / **for two reasons**.

First, / **she says that** the deadline is too soon.
This is because / the students are performing in a play next month / and they are still practicing, / so they don't have time to watch a play / and write a review on top of that.

Second, / **she mentions that** the discount on tickets is too small.
This is because / they already spend money on books and supplies, / so it's burdensome for the students to buy tickets.

For these reasons, / she thinks it is not a good idea.

해석 읽기 지문에 따르면, 연극학 교수는 학생들에게 연극에 참석하고 논평을 작성하는 과제를 주었다.
여자는 두 가지 이유 때문에 그것이 좋은 의견이라고 생각하지 않는다.
첫째로, 그녀는 기한이 너무 가깝다고 말한다.
이는 학생들이 다음 달에 연극에서 공연을 할 예정이며, 여전히 연습하고 있어서, 그것 외에 연극을 보고 논평을 쓸 시간이 없기 때문이다.
둘째로, 그녀는 티켓을 할인해 주는 것이 너무 적다고 말한다.
이는 그들이 이미 책과 용품에 돈을 써서, 티켓을 사는 것은 학생들에게 부담스럽기 때문이다.
이러한 이유로, 그녀는 그것이 좋은 의견이라고 생각하지 않는다.

스크립트 및 해석 🎧 AT1_2

A theater professor has written an e-mail to his students about their next assignment. You will have 45 seconds to read the e-mail. Begin reading now.

연극학 교수는 다음 과제에 대해 그의 학생들에게 이메일을 썼습니다. 이메일을 읽는 데 45초가 주어질 것입니다. 이제 읽기 시작하세요.

보낸사람: mjdrake@pluniversity.edu
받는사람: 수신자 명단 숨김
제목: 연극 논평 과제

다음 과제를 위해서, 지역 극장의 연극에 참석해주시기 바랍니다. 날짜와 시간은 극장의 시간표를 확인하세요. 여러분은 어떤 연극을 볼지 선택할 수 있습니다. 그리고 그 공연에 대한 논평을 작성하세요. 이는 250자 길이가 되어야 하며, 기한은 다음 주 강의 시작까지입니다. 참석의 증거로써 여러분의 과제에 티켓을 첨부해 주세요. 티켓을 살 때, 10퍼센트 할인을 받기 위해 THTR 1010 수업의 학생이라고 말해주세요.

Drake 교수 드림

review[rivjúː] 논평   attend[əténd] 참석하다   attach[ətǽtʃ] 첨부하다

Now listen to two students as they discuss the e-mail.
이제 이메일에 대해 토의하는 두 학생의 대화를 들어보세요.

> M: Did you get the email about our next assignment? I think it sounds like fun!
> W: Eh . . . I disagree. I don't think it's a good idea for an assignment.
> M: Why not? It's better than other assignments that require more time and effort . . . like researching or memorizing tons of material, isn't it?
> W: Not really . . . one thing is that the deadline is too soon. The professor knows that the students are performing in a play next month, and we're still practicing daily . . . so we don't have time to watch a play and write a review on top of that.
> M: True . . . a week is not long enough for this assignment.
> W: And another thing is, the 10 percent discount on tickets is too small. Tickets for the local theater are expensive! We already spend a lot of money on books and supplies . . . so it's burdensome for us to buy our own tickets.
> M: Yeah, I see what you mean.

남: 우리 다음 과제에 대한 이메일 받았어? 재미있을 것 같아!
여: 어... 난 동의하지 않아. 난 그게 과제로 좋은 것 같지 않거든.
남: 왜 아냐? 더 많은 시간과 노력을 들여야 하는 다른 과제들보다는 나은데... 조사를 하거나 엄청난 양의 자료를 암기하는 것 같은 거 말야, 그렇지 않니?
여: 별로... 한 가지 이유는 기한이 너무 가깝다는 거야. 교수님은 학생들이 다음 달에 연극에서 공연해야 한다는 것을 알고 계시고, 우리는 여전히 매일 연습하고 있어... 그래서 우리는 그것 외에 연극을 보고 논평을 쓸 시간이 없어.
남: 맞아... 일주일은 이 과제를 위해 충분히 길지 않아.
여: 그리고 또 다른 이유는, 티켓을 10퍼센트 할인해 주는 것이 너무 적다는 거야. 지역 극장의 티켓은 비싸! 우리는 이미 책과 용품들을 사는 데 많은 돈을 써... 그래서 티켓을 사는 건 우리에게 부담스러워.
남: 응, 무슨 뜻인지 알겠어.

The woman expresses her opinion regarding the e-mail. State her opinion and explain the reasons she gives for expressing that opinion.
여자는 이메일에 대한 의견을 표명합니다. 여자의 의견을 말하고 그러한 의견을 표명하는 이유를 설명하세요.

memorize[méməràiz] 암기하다   tons of 엄청난 양의   deadline[dédlàin] (마감)기한   perform[pərfɔ́ːrm] 공연하다
burdensome[bə́ːrdnsəm] 부담스러운

3. 읽기 노트

> ○ peak-end rule 정점과 종결 법칙
> ○ – judge exp. based on peak & end 정점과 끝에 기초하여 경험을 판단

듣기 노트

> ○ 1. stay at hotel 호텔에 묵음
>   – welcomed, impressed ↔ steak: disappointed 환영받고 감명받았지만 스테이크에 실망함
> ○ 2. called front, X answer 프런트에 전화했지만, 받지 않음
>   – struggled check out & waited 1 hr. → total exp. bad
> ○   힘들게 체크아웃하고 한 시간을 기다린 결과, 종합적인 경험 나쁘게 기억

말하기 🎤 AT1_7

According to the reading, / the peak-end rule is how people judge an overall experience / based on its peak and end. **The professor uses a personal experience** / **to explain** the peak-end rule.

First, / **she describes** her stay at a five-star hotel.
She was welcomed and was impressed with everything. However, / at the hotel restaurant, / she was disappointed because the steak tasted horrible.

Then, / **she describes how** she called the front desk for assistance, / but nobody answered. So she struggled down to the lobby to check out / and waited for an hour. As a result, / even though her first impressions of the hotel were positive, / she remembered the total experience as bad.

These examples demonstrate the peak-end rule.

해석 읽기 지문에 따르면, 절정과 종결의 법칙은 사람들이 전반적인 경험을 그 경험의 절정과 끝에 기초하여 판단하는 것이다. 교수는 개인적인 경험을 들어 절정과 종결의 법칙을 설명한다.
첫째로, 그녀는 5성급 호텔에 묵었던 것을 설명한다.
그녀는 환영받았고 모든 것에 감명받았다. 하지만, 호텔 레스토랑에서 그녀는 스테이크가 맛이 없어서 실망했다.
그다음, 그녀는 도와달라고 프런트에 전화했지만, 아무도 받지 않았음을 설명한다.
그래서 그녀는 체크아웃하러 로비에 힘들게 내려갔고 한 시간을 기다렸다. 결과적으로, 비록 그 호텔에 대한 그녀의 첫인상은 긍정적이었지만, 그녀는 종합적인 경험을 나쁘게 기억했다.
이러한 예는 절정과 종결의 법칙을 보여준다.

스크립트 및 해석 🔊 AT1_3

Now read the passage about the peak-end rule. You will have 45 seconds to read the passage. Begin reading now.

이제 절정과 종결 법칙에 관한 글을 읽어보세요. 글을 읽는 데 45초가 주어질 것입니다. 이제 읽기 시작하세요.

절정과 종결 법칙
심리학에서, 절정과 종결 법칙은 사람들이 전반적인 경험을 오직 그 경험의 절정과 끝에 어떻게 느꼈는지에 기초하여 판단한다는 개념이다. 사람들은 모든 경험의 시작과 끝 사이에 긍정적이며 부정적인 감정을 가진다. 그 감정의 격렬함이 가장 높은 시점은 '절정'이라고 불린다. 절정과 종결 법칙에서, 사람들은 그 경험 동안의 모든 다른 순간들을 중요시하지 않는 경향이 있다. 이 법칙은 휴가, 병원 방문, 고객 경험을 포함한 일상적인 경험들에 적용될 수 있다.

judge [dʒʌdʒ] 판단하다　**overall** [óuvərɔ̀ːl] 전반적인　**peak** [piːk] 절정　**intensity** [inténsəti] 격렬함, 강도
downplay [dáunplèi] 중요시하지 않다, 경시하다　**apply** [əplái] 적용하다

Now listen to part of a lecture on this topic in a psychology class.
이제 심리학 수업에서 이 주제에 대한 강의의 일부를 들어보세요.

We've been reading about the peak-end rule, right? Well, let me tell you about my own experience with it.
So, a couple of years ago, I attended a conference and was lucky enough to stay at a beautiful five-star hotel. I was very excited because this hotel has a world-famous restaurant—the head chef is that French guy on TV. Anyway, I was welcomed with a glass

of delicious wine and a smiling bellman took my bag to the room . . . you know, I was quite impressed with everything at first. The trip had been long, so I was hungry and all I wanted was a fantastic meal. I ordered a steak at the hotel restaurant. I'd read that the steak was supposed to be fabulous . . . but I was very disappointed when it came out. It tasted so horrible that I couldn't even eat it! I just went straight to bed.

I got up very early the next morning for the conference, but when I called down to the front desk for assistance with my heavy bags, nobody answered. I struggled down to the lobby with my heavy bags to check out, only to find a long line of people at the counter. I probably waited for close to an hour and was nearly late for the conference. Later, when my husband asked about the hotel, I told him about my dinner and how difficult it had been to check out. Even though my first impressions of the hotel were positive, I remembered my total experience as a bad one.

우리는 절정과 종결 법칙에 대해 읽어봤어요, 그렇죠? 음, 이것에 관한 제 자신의 경험에 대해 이야기하겠습니다. 자, 2년 전쯤에, 저는 학회에 참석했고 운 좋게 한 아름다운 5성급 호텔에 묵었어요. 이 호텔에 세계적으로 유명한 레스토랑이 있었기 때문에 저는 굉장히 신이나 있었죠. 주방장이 TV에 나오는 그 프랑스 사람이에요. 어쨌든, 저는 맛있는 와인 한 잔을 받으며 환영받았고, 미소 짓는 종업원이 제 가방을 방으로 가져다주었어요... 그러니까, 저는 처음에는 모든 것에 굉장히 감명받았어요. 여행이 길었기 때문에, 저는 배가 고팠고 제가 원했던 건 근사한 식사가 전부였어요. 저는 호텔 레스토랑에서 스테이크를 주문했어요. 저는 스테이크가 기막히게 맛있다고 읽은 적이 있었지요... 하지만 그것이 나왔을 때 전 실망했어요. 너무 맛이 없어서 저는 먹을 수조차 없었죠! 저는 그냥 바로 자러 갔어요.

다음 날 아침 저는 학회를 위해 매우 일찍 일어났는데, 제 무거운 가방을 들어달라고 아래 프런트에 전화했을 때 아무도 받지 않았어요. 저는 무거운 가방을 들고 체크아웃하러 로비에 힘들게 내려갔지만, 카운터에 사람들이 긴 줄에 서 있는 것을 발견했을 뿐이었어요. 저는 아마 한 시간 가까이 기다렸고, 학회에도 거의 늦을 뻔했죠. 나중에 제 남편이 그 호텔에 대해 물어봤을 때, 저는 그에게 저녁 식사와 체크아웃하기가 얼마나 힘들었는지에 대해 말해줬어요. 비록 그 호텔에 대한 제 첫인상은 긍정적이었지만, 저는 종합적인 경험을 나쁜 것으로 기억했죠.

The professor describes a personal experience. Explain how it illustrates the concept of the peak-end rule.

교수는 개인적인 경험을 설명합니다. 그것이 어떻게 절정과 종결 법칙의 개념을 나타내는지 설명하세요.

conference [kánfərəns] 학회, 회의   be lucky enough to 운 좋게 ~하다   five-star hotel 5성급 호텔
be impressed with ~에 감명받다

---

4. 듣기 노트

how aquatic insects survive underwater 수생 곤충이 수중에서 생존하는 방법

1. physical gills 몸의 아가미
   - extract oxygen from water 물에서 산소 추출
   - ex) mayfly: move gills back & forth → ↑ oxygen
     예) 하루살이: 아가미를 앞뒤로 움직여서 산소 증가시킴

2. ↑ hemoglobin 다량의 헤모글로빈
   - help transport oxygen to cells 산소를 세포로 이동시키도록 도움
   - ex) bloodworm: ↑ hemoglobin → store backup oxygen
     예) 붉은지렁이: 다량의 헤모글로빈으로 예비 산소 저장함

말하기 🎤 🎧 AT1_8

The professor explains / how aquatic insects survive underwater / **by giving two examples**.

First, / **he describes** physical gills, / which extract oxygen from the water. He uses the example of a mayfly larva. It moves its gills back and forth / to increase the oxygen it receives.

Second, / **he describes** high levels of hemoglobin. Hemoglobin is a substance in the blood / that helps transport oxygen to cells. He mentions the example of a bloodworm. It has high levels of hemoglobin, / so it can store a backup supply of oxygen.

These examples demonstrate / how aquatic insects survive underwater.

해석   교수는 두 가지 예를 들어 수생 곤충이 어떻게 수중에서 생존하는지를 설명한다.
첫째로, 그는 몸의 아가미를 사용하는 것을 설명하는데, 이것은 물에서 산소를 추출한다. 그는 하루살이 유충의 예를 든다. 그것은 자신이 받는 산소를 증가시키기 위해 아가미를 앞뒤로 움직인다.
둘째로, 그는 다량의 헤모글로빈을 설명한다.
헤모글로빈은 산소를 세포로 이동시키도록 돕는 혈중 물질이다. 그는 붉은지렁이의 예를 든다. 그것은 다량의 헤모글로빈이 있어서 예비 산소 공급량을 저장해둘 수 있다.
이러한 예는 수생 곤충이 수중에서 생존하는 방법을 보여준다.

스크립트 및 해석 🎧 AT1_4

Now listen to part of a talk in a biology class.
이제 생물학 수업의 강의 일부를 들어보세요.

When most people think of insects, they probably think of ants crawling on the ground in search of food or bees flying through the air looking for nectar. But some insects have managed to gain an advantage over others by being able to hunt for food underwater . . . and they've actually evolved ways to stay underwater without drowning. Today, I want to discuss how aquatic insects survive underwater.

OK . . . um, to start with, one way that aquatic insects are able to survive underwater is by using their physical gills. Gills, as I'm sure you're aware, are simply a way for organisms to extract oxygen from the water. They're made of a large number of tiny hairs that create a barrier of air between the insect and the water . . . so the oxygen passes from the water through the gills, but the water itself stays out. The mayfly larva, for instance, uses physical gills to breathe as it swims underwater. These gills are located on each side of the abdomen and are oval in shape. The immature mayfly moves its gills back and forth, like a fan, to increase the amount of oxygen it receives.

All right . . . Um, another reason some aquatic insects can remain underwater is the high levels of hemoglobin in their bodies. Hemoglobin is, um, a substance in the blood that helps transport oxygen to cells in the body . . . and so it makes sense, then, that organisms with a greater amount of hemoglobin also have higher levels of oxygen in their blood. Take the bloodworm, for example. What makes the bloodworm unique is that

> it has an extremely high hemoglobin level, which actually allows it to store a back-up supply of oxygen within its body to use. And I would say, uh, this definitely comes in handy for the bloodworm since it lives at the bottom of muddy ponds . . . where there's very little oxygen.

대부분의 사람들이 곤충을 생각할 때, 그들은 아마 먹이를 찾아 땅 위를 기어다니는 개미나 꿀을 찾으며 공중을 날아다니는 벌을 생각할 거예요. 하지만 어떤 곤충들은 수중에서 먹이를 사냥할 수 있게 됨으로써 다른 곤충에 비해 용케 우위를 점할 수 있게 되었죠... 그리고 사실상 익사하지 않고 수중에 있을 수 있는 방법을 발달시켰어요. 오늘은 수생 곤충이 어떻게 수중에서 생존하는지에 대해 논의해 보고 싶습니다.

좋아요... 음, 첫째로, 수생 곤충이 수중에서 생존할 수 있는 한 가지 방법은 몸의 아가미를 사용하는 거예요. 여러분들이 분명히 알고 있겠지만, 아가미는 간단히 말하면 생물이 물에서 산소를 추출하는 방법이죠. 아가미는 곤충과 물 사이에 공기막을 만드는 다수의 조그만 털로 이루어져 있어요... 따라서 산소는 물에서 나와 아가미를 통해 통과하지만, 물 자체는 밖에 남아 있게 되죠. 예를 들어, 하루살이 유충은 수중에서 수영하면서 호흡하기 위해 몸의 아가미를 사용해요. 이러한 아가미는 복부 양옆 쪽에 위치해 있고 타원형 모양이죠. 다 성장하지 않은 하루살이는 자신이 받는 산소의 양을 증가시키기 위해 아가미를 부채처럼 앞뒤로 움직입니다.

좋아요... 음, 일부 수생 곤충들이 수중에 남아있을 수 있는 또 다른 이유는 그들의 몸속에 있는 다량의 헤모글로빈입니다. 헤모글로빈은, 음, 산소를 몸속의 세포로 이동시키도록 돕는 혈중 물질이죠... 그래서, 헤모글로빈이 더 많은 생물은 혈중의 산소량이 더 많은 게 말이 되죠. 붉은지렁이의 예를 들어 보죠. 붉은지렁이를 독특하게 하는 것은 이것이 헤모글로빈을 굉장히 많이 갖고 있는데, 이는 실제로 몸속에 예비 산소 공급량을 사용하기 위해 저장하도록 해준다는 겁니다. 그리고 제가 말하고 싶은 것은, 어, 붉은지렁이는 산소가 거의 없는... 진흙탕 바닥에 살기 때문에 그것은 확실히 붉은지렁이에게 유용하다는 거예요.

Using points and examples from the talk, describe two ways aquatic insects survive underwater.

강의의 중심 내용과 예를 이용하여, 수생 곤충이 수중에서 생존하는 두 가지 방법을 설명하세요.

manage[mǽndiʒ] 용케 ~하다 **evolve**[ivɑ́lv] 발달시키다 **drown**[draun] 익사하다 **aquatic**[əkwǽtik] 수생의
physical[fízikəl] 몸의, 신체의 **gill**[gil] 아가미 **organism**[ɔ́ːrɡənìzm] 생물 **extract**[ikstrǽkt] 추출하다
mayfly[méiflài] 하루살이 **back-up**[bǽkʌ̀p] 예비의 **come in handy** 유용하다

Actual Test 2

p.138

1. 다음 진술에 동의하나요, 아니면 동의하지 않나요?
초등학교 선생님들은 그들의 학생들이 컴퓨터를 사용하도록 장려해야 한다.
구체적인 예와 설명을 들어 답하세요.

아웃라인

- agree 동의
    1. good learning tool 좋은 학습 도구
        - interesting online mat. avail.; access resources w/ computers
          이용 가능한 흥미로운 온라인 자료들을 컴퓨터로 이용
    2. essential life skill 필수적인 생활 기술
        - use in school & work throughout life 일생에 걸쳐 학교와 직장에서 사용

말하기 🎤 AT2_5

I agree with the statement / **that** elementary school teachers should encourage their students to use computers.

First, / computers are good learning tools for students.
To be specific, / there are interesting online materials available to learners these days. They can easily access these useful resources with computers.

Second, / the ability to use a computer / is an essential life skill.
For example, / communications now frequently occur through computers. Consequently, / students will need to use computers in school and work / throughout their lives.

For these reasons, / I think elementary school teachers / should help students learn to use computers.

해석 나는 초등학교 선생님들이 그들의 학생들이 컴퓨터를 사용하도록 장려해야 한다는 진술에 동의한다.
첫째로, 컴퓨터는 학생들에게 좋은 학습 도구이다.
구체적으로, 요즘에는 학습자들이 이용 가능한 흥미로운 온라인 자료들이 있다. 그들은 이러한 유용한 자료들을 컴퓨터로 쉽게 이용할 수 있다.
둘째로, 컴퓨터를 사용하는 능력은 필수적인 생활 기술이다.
예를 들어, 의사소통은 현재 컴퓨터를 통해 빈번히 일어나고 있다. 결과적으로, 학생들은 그들의 일생에 걸쳐 학교와 직장에서 컴퓨터를 사용하는 것이 필요할 것이다.
이러한 이유로, 나는 초등학교 선생님들은 학생들이 컴퓨터를 사용하는 것을 배우도록 도와야 한다고 생각한다.

어휘 encourage[enkɔ́:ridʒ] 장려하다　interesting[íntərəstiŋ] 흥미로운　online material 온라인 자료
access[ǽkses] 이용하다　essential[isénʃəl] 필수적인

2. 읽기 노트

allow non-students to borrow books from lib. 비학생들이 도서관에서 책을 빌리는 것을 허용
- ↑ atmos. of learning, 2 wks. borrow & 1-wk. exten.
학습 분위기 증진, 2주 빌리고 1주 연장 가능

듣기 노트

M: O&X 남: 복합적
1. contrib. to community 지역 사회에 기여함
   - ppl. borrow books X in public lib. 사람들이 공공 도서관에 없는 책을 빌림
2. lending period: X practical 대출 기간은 현실적이지 않음
   - limited time assign. → X wait 3 wks. 제한된 시간으로 과제를 하기 때문에 3주 기다릴 수 없음

말하기 🎤 AT2_6

According to the reading, / the university will allow non-students / to borrow books / from the library.

The man thinks it is a good idea / but has one concern.

On the one hand, / he says that it will help the school / to contribute to the community. This is because / people around the school can borrow books / that aren't typically available in public libraries.

On the other hand, / he mentions that the lending period for non-students is not practical. This is because / students have limited time for their assignments, / and they cannot wait three weeks for a book / to be returned.

For these reasons, / he is not sure if it is a great idea.

해석 읽기 지문에 따르면, 대학은 비학생들이 도서관에서 책을 빌리는 것을 허용할 것이다.
남자는 그것이 좋은 의견이라고 생각하지만 한 가지 우려가 있다.
한편으로는, 그는 그것이 학교를 지역 사회에 기여하도록 도와줄 것이라고 말한다.
이는 학교 주변의 사람들이 공공 도서관에서 구할 수 없는 책을 빌릴 수 있기 때문이다.
반면에, 그는 비학생들을 위한 대출 기간이 현실적이지 않다고 말한다.
이는 학생들은 과제를 위해서 제한된 시간이 있고 책이 반납될 때까지 3주를 기다릴 수 없기 때문이다.
이러한 이유로, 그는 그것이 좋은 의견인지 확신하지 못한다.

스크립트 및 해석 🔊 AT2_2

The university has announced a new policy to allow non-students to borrow books from the library. You will have 50 seconds to read the announcement. Begin reading now.

대학은 비학생들이 도서관에서 책을 빌리는 것을 허용하는 새로운 정책을 공지하였습니다. 공지를 읽는 데 50초가 주어질 것입니다. 이제 읽기 시작하세요.

비학생들이 빌리는 것을 허용하는 도서관

올해부터, 대학은 비학생들이 도서관에서 책을 빌리는 것을 허용할 것입니다. 여기에는 직원과 교수진의 가족 구성원, 제휴된 대학의 학생들, 그리고 지역 공공 도서관 시스템의 회원인 지역 주민들이 포함됩니다. 대학은 비학생들에게 도서관 자료에 접근을 허가함으로써, 지역 사회의 학습 분위기를 증진시킬 것이라고 생각합니다. 빌릴 수 있는 책의 수와 종류에는 제한이 있을 것입니다. 비학생들은 책을 빌리기 위해 2주만 주어질 것이며, 1주의 연장이 가능할 것입니다.

borrow[báːrou] 빌리다   affiliate[əfílièit] 제휴하다   resident[rézədənt] 주민   atmosphere[ǽtməsfìər] 분위기

Now listen to two students as they discuss the announcement.
이제 공지에 대해 토의하는 두 학생의 대화를 들어 보세요.

> W: Any thoughts on the new library policy?
> M: To be honest, I think it's a positive step. I understand why the policy was made.
> W: What makes you think that?
> M: Well, I believe the school wants to contribute to the community, and this policy will actually help. My hometown had a similar arrangement with a nearby college, and many of the residents loved it.
> W: Did they?
> M: Yeah, and now people around our school can also borrow books that aren't typically available in public libraries. Think of some of the art books our library has.
> W: But don't you think this will make it hard for students here to borrow books they need for class?
> M: Well, actually, that's why I think the lending period for non-students is not practical. Um, with more people borrowing books, students could find themselves in the situation you describe.
> W: That's my point.
> M: Right . . . And many times, students are given a limited time to work on assignments, so, um, they can't afford to wait three weeks for a book to be returned. In my opinion, I think the school should reduce the lending period to one week at most, and, um, only allow extensions if no students have requested a book.

여: 새로운 도서관 정책에 대해 의견 있어?
남: 솔직히 말하자면, 난 그게 긍정적인 움직임이라고 생각해. 그 정책이 왜 만들어졌는지 이해해.
여: 왜 그렇게 생각해?
남: 음, 난 학교가 지역 사회에 기여하고 싶어 하고, 이 정책이 실제로 도움이 될 거라고 생각해. 내 고향은 근처의 대학과 비슷한 협의를 했고 많은 주민들이 좋아했어.
여: 그랬어?
남: 응, 그리고 이제 우리 학교 주변의 사람들도 공공 도서관에서 일반적으로 구할 수 없는 책을 빌릴 수 있게 됐지. 우리 도서관에 있는 예술 서적 몇 권을 떠올려봐.
여: 하지만 이곳 학생들이 수업에 필요한 책을 빌리는 것을 어렵게 할 거라고 생각하진 않아?
남: 음, 사실, 그게 내가 비학생들을 위한 대출 기간이 현실적이지 않다고 생각하는 이유야. 음, 책을 빌리는 사람들이 더 많아지면서 학생들은 네가 설명하는 상황에 처하게 될 거야.
여: 내 말이 그거야.
남: 맞아... 그리고 많은 경우, 학생들은 과제를 하기 위해 제한된 시간이 주어지기 때문에, 음, 책이 반납될 때까지 3주를 기다릴 여유가 없어. 내 의견으로는, 학교는 대출 기간을 많아야 1주일로 줄이고, 음, 책을 요청한 학생이 없는 경우에만 연장을 허용해야 한다고 생각해.

The man expresses his opinion regarding the university's new policy. State his opinion and explain the reasons he gives for expressing that opinion.

남자는 대학의 새로운 정책에 대한 의견을 표명합니다. 남자의 의견을 말하고 그러한 의견을 표명하는 이유를 설명하세요.

step [step] 움직임, 조치　**contribute to** ~에 기여하다　**practical** [præktikəl] 현실적인, 타당한

3. 읽기 노트

> restoration ecology 복원 생태학
> – practice of rebuilding damaged ecosystems 훼손된 생태계를 재건하는 실행

듣기 노트

> 1. cover crops: prevent erosion 지피 작물: 침식 방지
>   – annual grasses → fix into soil, prevent eroding & slow raindrops
>   한해살이풀은 땅에 고정하고 침식을 방지하며 빗방울을 늦춤
> 2. controlled prairie fires: restore native plants 통제된 대초원의 불: 토종 식물 복원
>   – burn dead & invasive, darkened earth absorbs sunlight & grow
>   죽은 식물과 외래종을 태움, 어두워진 흙이 햇빛을 흡수하고 잘 자람

말하기 🎤 AT2_7

According to the reading, / restoration ecology / is the practice of actively rebuilding damaged ecosystems. **The professor uses two examples / to explain** restoration ecology.

First, / **he describes how** cover crops are planted / to prevent erosion.
Quickly growing annual grasses / fix themselves into the soil / and prevent it from eroding. Cover crops also slow raindrops / before they hit the ground and loosen the soil.

Second, / **he describes how** controlled prairie fires are used / to restore native plants.
The fires burn away dead plants and invasive species / which compete with native plants for light and resources. The fires also darken the earth, / so it absorbs more sunlight and helps plants grow.

These examples demonstrate restoration ecology.

해석　읽기 지문에 따르면, 복원 생태학은 훼손된 생태계를 활발히 재건하는 실행이다. 교수는 두 가지 예를 들어 복원 생태학을 설명한다.
　　　첫째로, 그는 침식을 방지하기 위해 지피 작물이 심어짐을 설명한다.
　　　빨리 자라는 한해살이풀들은 흙에 그들 자신을 잘 고정하고 흙이 침식하는 것을 방지해준다. 지피 작물은 또한 빗방울이 땅에 떨어지고 흙을 느슨하게 만들기 전에 빗방울을 늦춘다.
　　　둘째로, 그는 통제된 대초원의 불이 토종 식물들을 복원하기 위해 사용됨을 설명한다.
　　　그 불은 죽은 식물들과 햇빛과 자원을 두고 토종 식물들과 경쟁하는 외래종을 태워 없앤다. 그 불은 또한 흙을 어둡게 만드는데, 이는 더 많은 햇빛을 흡수하고 식물들이 자라는 것을 돕는다.
　　　이러한 예는 복원 생태학을 보여준다.

스크립트 및 해석 🔊 AT2_3

Now read the passage about restoration ecology. You will have 45 seconds to read the passage. Begin reading now.

이제 복원 생태학에 관한 글을 읽어보세요. 글을 읽는 데 45초가 주어질 것입니다. 이제 읽기 시작하세요.

복원 생태학

인간 활동은 생태계에 심각한 해를 끼쳤다. 그러므로, 이 훼손된 환경을 복원하거나 재건하기 위해 물리적 변경이 진행되어야 한다. 물리적 변경의 예는 땅 구조를 고치는 것과 배수로를 파는 것을 포함한다. 이는 침식을 방지하고 물이 더 효과적으로 빠지는 것을 도와줄 수 있다. 게다가, 식물과 작물의 성장이 촉진되어서 지역 생태계의 균형을 전체적으로 잡을 수 있다. 이렇게 훼손된 생태계를 활발히 재건하는 실행은 복원 생태학이라고 불린다. 복원 생태학의 주된 목표는 귀중한 생태계를 복원하고 장기적으로 보호하는 것이다.

ecosystem [í:kousìstəm] 생태계   modification [màdəfikéiʃən] 변경, 변형   reshape [rì:ʃéip] 구조를 고치다   ditch [ditʃ] 배수로
erosion [iróuʒən] 침식   drain [drein] 물이 빠지다   over the long term 장기적으로

Now listen to part of a lecture on this topic in a biology class.
이제 생물학 수업에서 이 주제에 대한 강의의 일부를 들어 보세요.

> Let's take a look at a common method used in restoration ecology—cover crops . . . it's a basic agricultural practice. People plant cover crops to prevent erosion. The best plants for cover crops are quick-growing annual grasses . . . such as wheat, barley and oats. They are very dense and grow quickly, so they are good at fixing themselves into the soil. This effectively prevents the soil from eroding. Cover crops also slow raindrops before they hit the ground. Raindrops loosen the soil, and this is one of the biggest causes of erosion!
> Now I'm going to talk about another method used in restoration ecology . . . controlled prairie fires. They are used to help restore native plants. Yes . . . some prairie fires are actually set on purpose. Some native plants in the prairies have been there forever and have formed very complex root structures underground. So, they can stand up to the fire . . . because, uh, although the aboveground portion of the plant gets destroyed, the roots are still alive, which allows it to grow back. The fires burn away the dead plants and also, invasive species . . . you know, invasive species often compete with the native plants for light and other resources, so the fires are really helpful for the native plants. The fires also darken the earth, and when spring comes, the darkened soil absorbs more sunlight than it otherwise would . . . so the plants grow even more.

복원 생태학에서 사용되는 흔한 방법 한 가지를 살펴봅시다. 지피 작물이요... 이것은 기본적인 농업 관행이에요. 사람들은 침식을 방지하기 위해서 지피 작물을 심어요. 지피 작물로 가장 좋은 식물들은 빨리 자라는 한해살이풀들이에요... 밀, 보리, 귀리와 같은 거요. 그들은 매우 빽빽하고 빨리 자라서, 흙 속에 그들 자신을 잘 고정해요. 이는 흙이 침식하는 것을 효과적으로 방지해주죠. 지피 작물은 또한 빗방울이 땅에 떨어지기 전에 빗방울을 늦춰줘요. 빗방울은 흙을 느슨하게 만들고, 이는 침식의 가장 큰 원인 중 하나예요!
이제 복원 생태학에서 사용되는 또 다른 방법에 대해 얘기해 볼게요... 통제된 대초원의 불이요. 그들은 토종 식물들을 복원하는 것을 돕기 위해 사용되죠. 맞아요... 어떤 대초원의 불은 사실 고의로 질러져요. 그 대초원의 몇몇 토종 식물들은 그곳에 오랫동안 있었고, 땅속에 매우 복잡한 뿌리 구조를 형성했어요. 그래서 그들은 그 불을 잘 견딜 수 있어요... 왜냐하면, 어, 비록 그 식물의 지상 부분이 훼손되더라도, 뿌리는 여전히 살아있고, 이는 토종 식물이 다시 자라게 해주기 때문이죠. 불은 죽은 식물들과, 또한 외래종을 태워 없애요... 그러니까, 외래종들은 보통 햇빛과 다른 자원들을 두고 토종 식물들과 경쟁해서, 그 불은 토종 생물들에게 굉장히 도움이 되죠. 그 불은 또한 흙을 어둡게 만들고, 봄이 오면, 그 어두워진 흙은 그렇지 않을 때보다 더 많은 햇빛을 흡수해요... 그래서 식물들은 훨씬 더 잘 자라죠.

The professor provides two examples. Explain how they illustrate the concept of restoration ecology.
교수는 두 가지 예를 제시합니다. 두 가지 예가 어떻게 복원 생태학의 개념을 나타내는지 설명하세요.

cover crop 지피 작물 (비료용이나 토양을 보호할 목적으로 밭에 심어 두는 작물)   agricultural [ægrikʌ́ltʃərəl] 농업의
wheat [hwi:t] 밀   barley [báːrli] 보리   oat [out] 귀리   dense [dens] 빽빽한   erode [iróud] 침식하다
prairie [prɛ́əri] 대초원   root [ru:t] 뿌리   structure [strʌ́ktʃər] 구조   stand up to ~에 잘 견디다   invasive species 외래종
compete with ~을 두고 경쟁하다, 다투다   resource [ríːsɔːrs] 자원   absorb [æbsɔ́ːrb] 흡수하다

4. 듣기 노트

> benefits of flooding 홍수의 이점
> 1. provide water resource 수자원 제공
>   - desert, use to farm 사막에서 농사를 짓기 위해 사용
>   - ex) Mesopo.: canals water to fields, dams to store water
>   예) 메소포타미아: 운하가 물을 밭으로 가져오고 물을 저장할 댐 건설
> 2. made land rich 땅을 비옥하게 만듦
>   - mud contain. nutrients enrich soil 양분을 포함하는 진흙이 토양을 비옥하게 함
>   - ex) Egypt: Nile flooded → rich mud carried, grow crops
>   예) 이집트: 나일강 범람하면 기름진 진흙 운반되어 농작물 재배

말하기 🎤 AT2_8

The professor describes / the benefits of flooding to ancient farmers / **by giving two examples**.

First, / **she describes how** flooding provided a water resource.
In desert climates, / people had to find ways / to use floodwater to farm. For instance, / Mesopotamian farmers built canals from the rivers, / which brought water to their fields, / and they made dams to store water.

Second, / **she describes how** flooding made the land rich.
When rivers flood, / mud containing nutrients washes onto fields / and enriches the soil. For example, / the soil of Egypt was poor in nutrients, but when the Nile flooded, / rich mud was carried onto shore, / and it made growing lots of crops possible.

These examples demonstrate / two ways flooding benefited ancient farmers.

해석 교수는 두 가지 예를 들어 고대의 농부들에게 있었던 홍수의 이점을 설명한다.
첫째로, 그녀는 홍수가 수자원을 제공했음을 설명한다.
사막 기후에서는, 사람들이 농사를 짓기 위해 홍수로 불어난 물을 사용할 방법을 찾아야 했다. 예를 들어, 메소포타미아 농부들은 강에서 시작하는 운하를 건설하여 이것이 물을 밭으로 흐르도록 했으며, 그들은 물을 저장할 댐을 건설했다.
둘째로, 그녀는 홍수가 땅을 비옥하게 만들었음을 설명한다.
강이 범람하면, 양분을 포함하는 진흙이 밭으로 밀려 들어와 토양을 비옥하게 한다. 예를 들어, 이집트의 토양은 영양분이 부족했지만, 나일강이 범람하면 기름진 진흙이 해변가로 운반되었고 이것은 많은 농작물 재배를 가능하게 했다.
이러한 예는 홍수가 고대의 농부들에게 이득을 준 두 가지 면을 보여준다.

스크립트 및 해석 AT2_4

Now listen to part of a talk in a history class.
이제 역사학 수업의 강의 일부를 들어보세요.

> Although we often associate floods with disaster or ruin, centuries ago, river floods were viewed in a different light. This is because from the perspective of some agricultural societies, they were useful—even necessary—for successfully growing crops. There were

several benefits of flooding to ancient farmers.

One benefit that came from flooding was that it provided a much-needed water resource. You know, some people actually lived in dry, desert climates. They had to survive by finding ways to use floodwater to farm. As we all know, deserts don't have a lot of water, and farming is nearly impossible without a source of water. Take Mesopotamia, for instance. Its climate is considered semi-arid and, uh, its summers are extremely hot and dry . . . Its rivers, the Tigris and Euphrates, often dried out in the summer, but flooded in the spring . . . Mesopotamian farmers learned to control the flow of floodwater to their advantage. They, um, built canals leading from the rivers to the areas that they farmed. When the rivers flooded, these canals brought water directly to their fields, where it could reach the roots of crops. They also made dams to store water during dry periods.

And there's another thing . . . Flooding was also very advantageous because it made the land rich. When rivers flood, mud containing many nutrients washes onto the fields and enriches the soil so that crops can thrive. Let's look at another example from the ancient world . . . uh, the case of Egypt. Ancient farmers in Egypt relied heavily on the annual flooding of the Nile River . . . You see, the desert soil of Egypt was naturally poor in nutrients, so it could not grow many crops without regular flooding. However, when the Nile flooded, rich mud from more fertile regions far upstream was carried onto the shore, which made growing lots of crops possible along the Nile's banks. Without the replenishment of nutrients in the upper layer of the soil, farmers could not have produced enough crops to support Egypt's population.

비록 우리는 종종 홍수를 재난이나 피해와 연관 짓지만, 몇백 년 전에는 강의 홍수가 다른 관점에서 생각되었어요. 이는 몇몇 농업 사회의 관점에서는 농작물을 성공적으로 재배하는 데 이것이 유용했고, 심지어 필요했기 때문이에요. 고대의 농부들에게 홍수는 몇 가지 이점이 있었습니다.

홍수가 주었던 한 가지 이점은 절실히 필요했던 수자원을 제공했다는 거예요. 그러니까, 어떤 사람들은 사실상 건조한 사막 기후에서 살았습니다. 그들은 농사를 짓기 위해 홍수로 불어난 물을 사용할 방법을 찾음으로써 생존해야 했죠. 우리 모두가 알다시피, 사막에는 물이 많지 않고, 농업은 수자원 없이는 거의 불가능해요. 메소포타미아를 예로 들어보죠. 그곳의 기후는 반건조 기후였던 것으로 여겨지고, 어, 그곳의 여름은 극도로 덥고 건조해요... 그곳의 강인 티그리스강과 유프라테스강은 여름에는 종종 메말랐지만, 봄에는 범람했지요... 메소포타미아의 농부들은 홍수로 불어난 물의 흐름을 그들에게 유리하도록 조절하는 법을 배웠어요. 그들은, 음, 강에서부터 시작해서 그들이 농사를 짓는 지역까지 운하를 건설했죠. 강이 범람하면, 이 운하들은 물이 밭으로 바로 흐르도록 해서, 물이 곡식 뿌리에 이를 수 있도록 했어요. 그들은 건기 동안 물을 저장하기 위해 댐도 건설했습니다.

그리고 또 한 가지가 있어요... 홍수는 또한 땅을 비옥하게 만들었기 때문에 굉장한 이점이 있었습니다. 강이 범람하면, 많은 양분을 포함한 진흙이 밭으로 밀려 들어와 토양을 비옥하게 해서 곡식들이 잘 자랄 수 있어요. 고대 국가의 또 다른 예를 봅시다... 어, 이집트의 경우죠. 고대 이집트의 농부들은 나일강에 매년 일어났던 홍수에 의존했어요... 알다시피, 이집트의 황량한 토양은 자연적으로 영양분이 부족했고, 그래서 정기적인 홍수 없이는 많은 농작물을 재배할 수 없었어요. 그러나 나일강이 범람하면, 먼 상류의 더 비옥한 지역으로부터 기름진 진흙이 해변가로 운반되었는데, 이는 나일강 둑을 따라 많은 농작물 재배를 가능하게 해주죠. 토양 상층의 영양분 보충이 없었다면, 농부들은 이집트 국민들을 부양할 만큼의 충분한 농작물을 생산할 수 없었을 거예요.

Using points and examples from the talk, describe two ways that flooding benefited farmers in ancient times.

강의의 중심 내용과 예를 이용하여, 고대에 홍수가 농부에게 도움이 되었던 두 가지 방식을 설명하세요.

associate A with B A를 B와 연관 짓다 **flood** [flʌd] 홍수, 범람; 범람하다 **disaster** [dizǽstər] 재난 **light** [lait] 관점
semi-arid [sémiǽrid] 반건조의 **enrich** [enrítʃ] 비옥하게 하다

MEMO

1위 해커스어학원
260만이 선택한 해커스 토플

단기간 고득점 잡는 해커스만의 체계화된 관리 시스템

01 토플 무료 배치고사
현재 실력과 목표 점수에 딱 맞는 학습을 위한 무료 반배치고사 진행!

02 토플 Trial Test
월 2회 실전처럼 모의테스트 가능한 TRIAL test 응시기회 제공!

03 1:1 개별 첨삭시스템
채점표를 기반으로 약점파악 및 피드백, 1:1 개인별 맞춤 첨삭 진행!

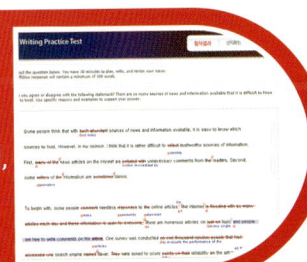

[260만] 해커스어학원 누적 수강생 수, 해커스인강 토플 강의 누적 수강신청건수 합산 기준(2003.01~2018.09.05. 환불자/중복신청 포함)
[1위] 한경비즈니스 2024 한국브랜드만족지수 교육(온·오프라인 어학원) 1위

해커스어학원 단기 졸업 시스템으로
빠르게 토플 졸업 go ▶

고우해커스

토플 시험부터
학부·석박사, 교환학생,
중·고등 유학정보까지

고우해커스에 다 있다!

유학전문포털 235만개 정보 보유
고우해커스 내 유학 관련 컨텐츠 누적게시물 수 기준 (~2022.04.06.)

200여 개의 유학시험/생활 정보 게시판

17,200여 건의 해외 대학 합격 스펙 게시글
고우해커스 사이트 어드미션포스팅 게시판 게시글 수 기준(~2024.03.27.)

goHackers.com

전세계 유학정보의 중심
고우해커스

goHackers.com

중급 학습자를 위한 토플 스피킹 학습서

HACKERS TOEFL
SPEAKING Intermediate

개정 5판 2쇄 발행 2025년 2월 3일
개정 5판 1쇄 발행 2024년 10월 22일

지은이	David Cho ㅣ 언어학 박사, 前 UCLA 교수
펴낸곳	(주)해커스 어학연구소
펴낸이	해커스 어학연구소 출판팀
주소	서울특별시 서초구 강남대로61길 23 (주)해커스 어학연구소
고객센터	02-537-5000
교재 관련 문의	publishing@hackers.com
동영상강의	HackersIngang.com
ISBN	978-89-6542-734-6 (13740)
Serial Number	05-02-01

저작권자 ⓒ 2024, David Cho
이 책 및 음성파일의 모든 내용, 이미지, 디자인, 편집 형태에 대한 저작권은 저자에게 있습니다.
서면에 의한 저자와 출판사의 허락 없이 내용의 일부 혹은 전부를 인용, 발췌하거나 복제, 배포할 수 없습니다.

외국어인강 1위,
해커스인강(HackersIngang.com)
해커스인강

- 해커스 토플 스타강사의 **본 교재 인강**
- 효과적인 토플 스피킹 학습을 돕는 **교재 MP3**
- 실전 감각을 극대화하는 **iBT 스피킹 실전모의고사**
- 스피킹에 유용한 문장을 반복 학습하는 **말하기 연습 프로그램**

전세계 유학정보의 중심,
고우해커스(goHackers.com)
고우해커스

- 토플 쉐도잉&말하기 연습 프로그램, 토플 스피킹/라이팅 첨삭 게시판 등 무료 학습 콘텐츠
- 고득점을 위한 **토플 공부전략 강의**
- 국가별 대학 및 전공별 정보, 유학 Q&A 게시판 등 다양한 유학정보

[외국어인강 1위] 헤럴드 선정 2018 대학생 선호브랜드 대상 '대학생이 선정한 외국어인강' 부문 1위

MEMO

5 연예인은 아이들에게 좋은 본보기임

Outline

- **disagree** 동의하지 않음
  1. unrealistic standard 비현실적인 표본
     - young ppl. X achieve → low self-esteem 어린 사람들이 이루지 못하면 낮은 자존감을 갖게 됨
  2. sometimes behave inappropriately 때때로 부적절하게 행동함
     - young ppl. see and copy 어린 사람들이 보고 모방함

6 사람들은 미래에 TV를 시청하지 않을 것임

Outline

- **agree** 동의함
  1. TV: ↓ portable TV는 휴대성이 떨어짐
     - X carry → X watch whenever want 가지고 다닐 수 없어서 원할 때마다 시청할 수 없음
  2. better technologies coming 더 좋은 기술들이 나올 것임
     - ex) watch all the contents w/ smartphone 예) 스마트폰으로 모든 컨텐츠를 시청할 수 있음

7 결과보다 과정이 더 중요함

Outline

- **agree** 동의함
  1. learn from process 과정으로부터 배움
     - trial and error → gain experience to use next 시행착오를 통해 다음에 사용할 경험을 얻음
  2. be more experimental 더 실험적이 됨
     - focusing on goals narrows thinking 결과에 집중하면 사고가 좁아짐

일상생활

1 여럿이 함께 사는 것 vs. 혼자 사는 것
Outline

- living alone 혼자 사는 것
  1. personal freedom 개인적 자유
     - live as want, from home deco. to lifestyle 집 장식부터 생활 방식까지 원하는 대로 살 수 있음
  2. learn responsibility/independence 책임감 또는 독립심을 배움
     - can't fall back on anyone else to cover bills 누구에게도 비용을 내 달라고 의지할 수 없음

2 인터넷으로 정보를 얻는 것 vs. 책으로 정보를 얻는 것
Outline

- searching Internet 인터넷으로 정보를 얻는 것
  1. ↑ info than books 책보다 정보가 더 많음
     - books have limited info ↔ Internet vast 책들은 정보가 한정되지만 인터넷은 방대함
  2. ↑ convenient 더 편리함
     - do @ home, X visit library 집에서 함, 도서관에 방문하지 않아도 됨

3 새로운 장소로의 여행 vs. 방문했던 곳으로의 여행
Outline

- trip to places I've visited 방문했던 장소로의 여행
  1. ↑ comfortable 더 편안함
     - well aware of roads & attractions 길과 명소를 잘 알고 있음
  2. recall memory 추억을 회상함
     - visit places again → ↑ bring back good memory 장소들을 다시 방문하면 좋은 추억을 떠올릴 수 있음

4 전화 면접 vs. 면대면 면접
Outline

- in person interview 면대면 면접
  1. easier communication 쉬운 의사소통
     - phone call problems → ex) call quality, misunderstanding 전화 품질이나 오해 등 전화상 문제
  2. can express myself better 자신을 더 잘 표현할 수 있음
     - show enthusiasm w/ expression, gestures → leave good impression
       표현과 몸짓으로 열정을 보여주면 좋은 인상을 남김

4 학교를 1년에 10개월 다녀야 함 vs. 1년 내내 다녀야 함

Outline

- **10 months per year** 1년에 10개월 다니는 것
  1. **students need breaks** 학생들은 휴식이 필요함
     - brain needs time to relax, refresh → learn better
       뇌는 휴식을 취하고, 재충전할 시간이 필요하며 학습에 더 좋음
  2. **important for personal development** 개인의 발전에 중요함
     - time to volunteer, play sports, travel → get other experiences/skills
       자원봉사, 스포츠, 여행할 시간은 다른 경험이나 기술을 얻게 해줌

5 하나의 전공을 선택하는 것 vs. 여러 전공을 선택하는 것

Outline

- **one major** 하나의 전공
  1. **specialized knowledge** 전문화된 지식
     - focus one area → learn deeply 한 분야에 집중하면 깊게 배움
  2. **enable to do extracurricular activities** 과외 활동을 하는 것이 가능함
     - have more time to devote to other things 다른 활동에 쏟을 시간이 더 많음

6 과제를 마감 며칠 전에 함 vs. 과제를 매일매일 조금씩 함

Outline

- **bit by bit** 매일매일 조금씩
  1. **won't be overwhelmed** 당황하지 않을 것임
     - do 1 or 2 days → rushed 하루나 이틀 만에 하면 서두르게 됨
  2. **better quality** 더 좋은 질
     - time to revise/polish each section 각 부분을 수정하거나 다듬을 수 있는 시간이 있음

7 아이들은 초등학생 때부터 숙제를 혼자 해야 함

Outline

- **agree** 동의함
  1. **become mature** 성숙해짐
     - need to learn to handle own responsibility → help grow up
       자신의 책임감 다루는 것을 배울 필요가 있으며 성장하게 도와줌
  2. **learn to be fair** 공평함을 배움
     - other ppl. help → student X earn grade honestly 다른 사람들이 도와주면, 학생은 정직하게 성적을 얻는 것이 아님

학교생활

1 같은 전공의 룸메이트 vs. 다른 전공의 룸메이트
Outline

- different major 다른 전공
  1. ↑ social variety 사교적으로 더 다양해짐
     - see ppl. from same major in class → want other connections
       수업에서는 같은 전공들의 사람들을 만나기 때문에 다른 관계를 맺길 원함
  2. no need to compete 경쟁할 필요 없음
     - X comparing assignments, grades, etc. 과제나 학점 등을 비교할 필요가 없음

2 학생들은 지정된 좌석에 앉아야 함 vs. 자유롭게 앉아야 함
Outline

- assigned seats 지정된 좌석
  1. time-efficient 시간 면에서 효율적임
     - spending energy besides studying → waste of time 학업 이외에 에너지를 쓰는 것은 시간 낭비
  2. easy to interact w/ professor 교수님과 상호작용하기 쉬움
     - prof.: better remember stud. name & face → friendly class atmosphere
       교수님이 학생들의 이름과 얼굴을 더 잘 기억하여 화기애애한 수업 분위기

3 학생들이 필기하는 것 vs. 교수님이 수업 자료를 나누어 주는 것
Outline

- students taking notes 학생들이 필기하는 것
  1. more focused 집중이 더 잘 됨
     - only record new to them, X what already know
       그들에게 새로운 것만 기록함, 이미 알고 있는 것은 적지 않음
  2. better way to learn 학습하기에 더 좋은 방법
     - writing info.: better into memory 정보를 적는 것은 기억에 더 남음

Hackers **TOEFL** Speaking Intermediate

Q1
토픽별 답변 아이디어

활용 방법
Q1 토픽별 답변 아이디어를 다음과 같은 순서로 다양하게 활용하여 답안을 말해 보는 연습을 한다.
① 아웃라인은 보지 않고, 토픽만 보고 자유롭게 답안을 말해 본다.
② 아웃라인을 보고, 교재에서 배운 유형별 표현에 맞추어 답안을 말해 본다.
③ 자신의 실력이 부족하다고 생각되는 토픽 위주로 반복해서 답안을 말해 본다.

Number 4

iBT TOEFL Speaking

Question 4 of 4

Now get ready to answer the question.

Using points and examples from the talk, describe two ways that flooding benefited farmers in ancient times.

PREPARATION TIME
00: 00: 20

RESPONSE TIME
00: 00: 60

모범 답안 p.218

이로써 교재 학습이 모두 끝났습니다.
Actual Test 1, 2는 실전모의고사 프로그램으로도 제공되니, 실전 환경에서 최종 마무리 연습을 해보시기 바랍니다.
* 해커스인강(HackersIngang.com)에서 이용할 수 있습니다.

Reading Time: 45 seconds

Restoration Ecology

Human activity has caused serious harm to ecosystems. Therefore, physical modifications must be made to restore or rebuild these damaged environments. Examples of physical modifications include reshaping the land and digging ditches. These can help prevent erosion and allow water to drain more effectively. In addition, plant and crop growth can be promoted to balance the local ecosystem as a whole. This practice of actively rebuilding damaged ecosystems is called restoration ecology. The main goal of restoration ecology is to restore valuable ecosystems and protect them over the long term.

Now get ready to answer the question.

The professor provides two examples. Explain how they illustrate the concept of restoration ecology.

PREPARATION TIME
00: 00: 30

RESPONSE TIME
00: 00: 60

Reading Time: 50 seconds

Library to Allow Non-Students to Borrow

Effective this year, the university will allow non-students to borrow books from the library. This includes family members of staff and faculty, students from affiliated colleges, and local residents who are members of the local public library system. The university believes that by giving non-students access to library resources, it will promote an atmosphere of learning in the local community. There will be limits on the number and types of books that can be borrowed. Non-students will only be given two weeks to borrow books, with a one-week extension available.

Now get ready to answer the question.

The man expresses his opinion regarding the university's new policy. State his opinion and explain the reasons he gives for expressing that opinion.

PREPARATION TIME
00: 00: 30

RESPONSE TIME
00: 00: 60

Number 1 AT2_1

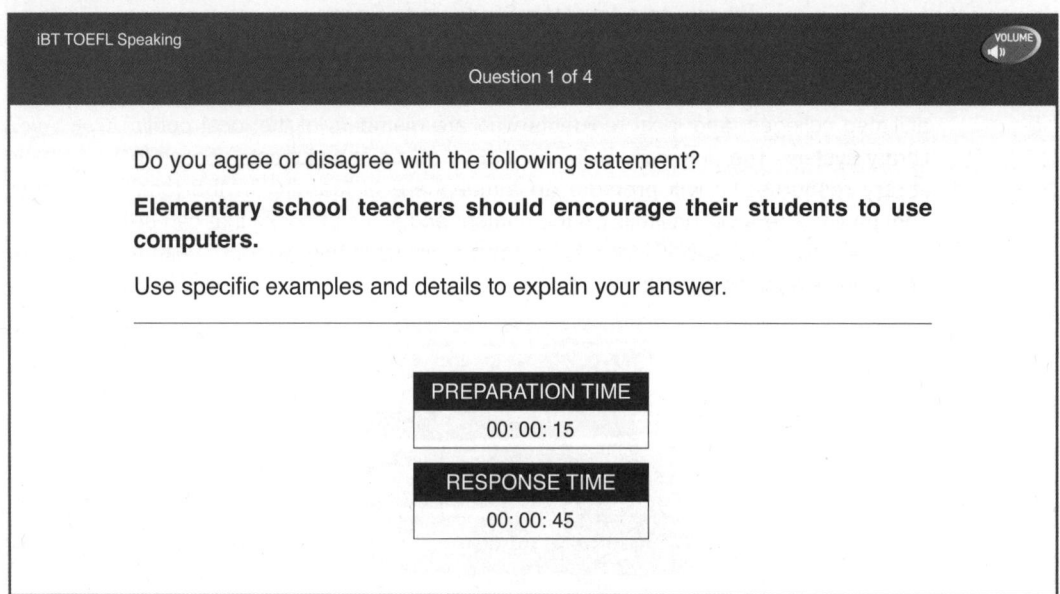

모범 답안 p.213 AT2_5

Actual Test 2

* 실전모의고사 프로그램을 통해, 실제 시험과 동일한 환경에서도 Actual Test를 풀어볼 수 있습니다.

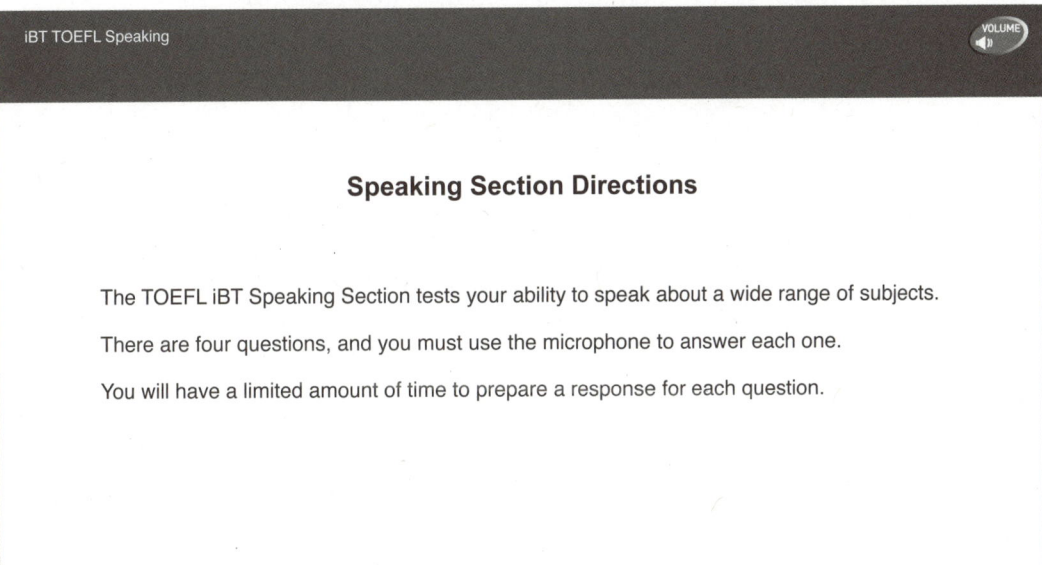

Speaking Section Directions

The TOEFL iBT Speaking Section tests your ability to speak about a wide range of subjects.

There are four questions, and you must use the microphone to answer each one.

You will have a limited amount of time to prepare a response for each question.

무료 토플자료·유학정보 제공   goHackers.com

Number 4 AT1_4

Now get ready to answer the question.

Using points and examples from the talk, describe two ways aquatic insects survive underwater.

PREPARATION TIME
00: 00: 20

RESPONSE TIME
00: 00: 60

모범 답안 p.210 AT1_8

Reading Time: 45 seconds

Peak-end Rule

In psychology, the peak-end rule is the idea that people judge an overall experience based only on how they felt at the peak and at the end. People have positive and negative emotions between the beginning and the end of any experience. The point at which the intensity of the emotions is the highest is called the "peak". With the peak-end rule, people tend to downplay all of the other moments throughout the experience. This rule can be applied to everyday experiences including vacations, hospital visits, and customer experiences.

Now get ready to answer the question.

The professor describes a personal experience. Explain how it illustrates the concept of the peak-end rule.

PREPARATION TIME
00: 00: 30

RESPONSE TIME
00: 00: 60

Reading Time: 45 seconds

From: mjdrake@pluniversity.edu
To: List suppressed
Subject: Play Review Assignment

For your next assignment, please attend a play at the local theater. Check the theater's schedule for dates and times. You may choose which play to watch. Then write a review of the performance. It should be 250 words long, and the deadline is at the start of next week's lecture. Attach your ticket to your assignment as proof of attendance. When purchasing your ticket, mention that you are a THTR 1010 student to receive a 10 percent discount.

Sincerely,
Professor Drake

Now get ready to answer the question.

The woman expresses her opinion regarding the e-mail. State her opinion and explain the reasons she gives for expressing that opinion.

PREPARATION TIME
00: 00: 30

RESPONSE TIME
00: 00: 60

Number 1 AT1_1

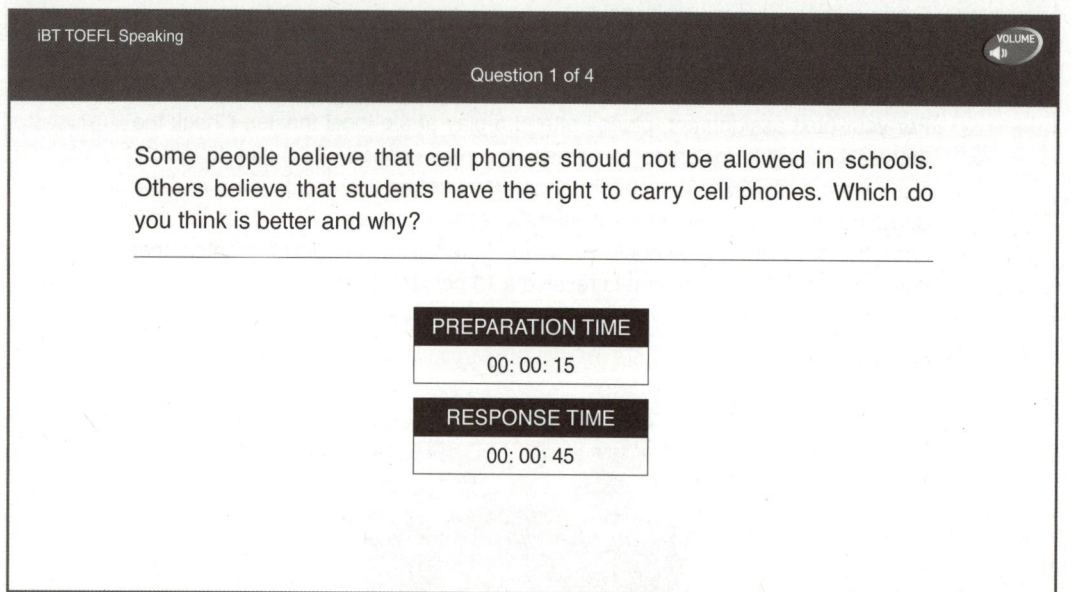

Some people believe that cell phones should not be allowed in schools. Others believe that students have the right to carry cell phones. Which do you think is better and why?

모범 답안 p.206 AT1_5

TOPIC LIST	6
iBT TOEFL Speaking 고득점의 발판, 해커스 토플 스피킹 인터미디엇!	8
iBT TOEFL 소개	12
iBT TOEFL Speaking 소개 및 학습전략	14
Note-taking	22
해커스 학습플랜	24

Independent Task
Q1 나의 선택 말하기	29

Integrated Task
Q2 읽고 듣고 말하기 (1) 대학 생활	53
Q3 읽고 듣고 말하기 (2) 대학 강의	81
Q4 듣고 말하기 - 대학 강의	109

Actual Test 1 — 132

Actual Test 2 — 138

온라인 실전모의고사 (HackersIngang.com)
* 실제 시험과 동일한 환경에서도 Actual Test 1, 2를 풀어볼 수 있습니다.

Q1 토픽별 답변 아이디어 — 143

모범 답안 · 스크립트 · 해석 [책 속의 책] — 149

TOPIC LIST

다음의 TOPIC LIST는 교재에 수록된 모든 문제를 주제별로 구분하여 목록으로 구성한 것이다.

교재에 수록된 모든 문제는 실제 iBT TOEFL Speaking 시험의 주제별 출제 경향을 충실하게 반영하여 구성되었다. 따라서, 교재를 처음부터 끝까지 학습하면서 많이 출제되는 주제와 자신이 취약한 주제를 파악한 뒤, 집중 학습이 필요하다고 생각되는 주제를 골라 다시 한번 답안을 말해보는 연습을 통해 취약점을 보완한다.

Independent Task (독립형)

Q1	학교생활	EX p.39 HP 3 p.41 AT 1 p.133	HP 1 p.44 HT 2 p.49 AT 2 p.139
	일상생활	HP 1 p.40 HP 3 p.46 HT 1 p.48	HP 2 p.40, 45 HP 4 p.41, 47

Hackers TOEFL Speaking Intermediate

Integrated Task (통합형)

Q2	학교정책	EX p.61 HP 3 p.72 HT 1 p.76	HP 1 p.64, 68 HP 4 p.74 AT 2 p.140
	시설	HP 2 p.65, 70	HT 2 p.78
	수업	AT 1 p.134	
Q3	심리	HP 1 p.92 AT 1 p.135	HP 2 p.93
	생물	EX p.89 HP 4 p.102 AT 2 p.141	HP 1 p.96 HT 1 p.104
	경제경영	HP 3 p.100	HT 2 p.106
	교육	HP 2 p.98	
Q4	생물	EX p.117 HP 3 p.124 AT 1 p.136	HP 1 p.118, 122 HT 1 p.126
	경제경영	HP 2 p.123	HP 4 p.125
	심리	HP 2 p.119	HT 2 p.128
	역사	AT 2 p.142	

* **EX:** Example **HP:** Hackers Practice **HT:** Hackers Test **AT:** Actual Test

iBT TOEFL Speaking 고득점의 발판, 해커스 토플 스피킹 인터미디엇!

01. 전략적인 학습으로 토플 스피킹 정복!

최신 출제 경향 완벽 반영 및 TOPIC LIST
이 책은 iBT 토플 스피킹의 **최신 출제 경향**을 철저히 분석하여 모든 문제에 반영하였다. 또한, 교재에 수록된 모든 문제의 TOPIC을 목록으로 제공하여, 학습자가 특히 취약한 주제의 문제를 골라 공부하는 등 다양하게 활용할 수 있도록 하였다.

4주/6주 학습플랜
자신의 학습계획에 맞는 4주/6주 학습플랜을 활용하여 고득점을 위한 스피킹 실력을 완성할 수 있도록 하였다.

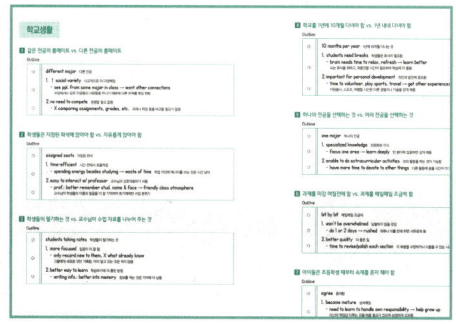

Q1 토픽별 답변 아이디어
Q1에 출제될 수 있는 다양한 토픽에 대한 답변 아이디어를 학습하며, 짧은 시간 안에 논리적으로 답안을 구성하는 연습을 효과적으로 할 수 있다.

02. 체계적인 학습으로 실력 다지기!

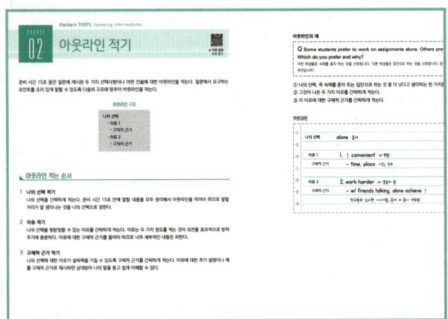

단계별 말하기 전략

답안을 말할 때 꼭 필요한 **유형별·주제별 표현**과 **단계별 말하기 전략 및 예시**를 학습하여, 더욱 효율적이고 논리적인 답안을 말할 수 있다.

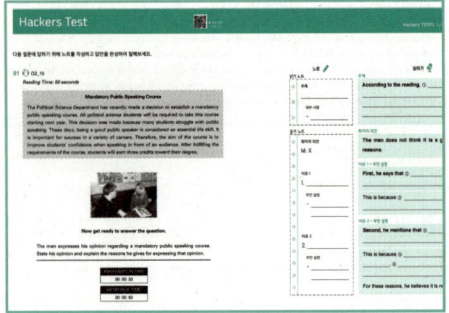

Hackers Practice & Hackers Test

앞서 배운 말하기 전략을 실제 시험과 유사한 연습 문제에 적용하여 풀어봄으로써 단계별 말하기 기술을 익힐 수 있으며, 실제 시험에 대한 적응력 또한 키울 수 있다.

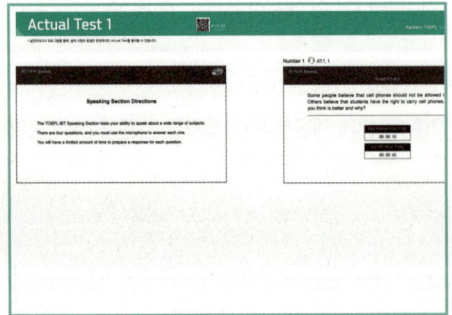

Actual Test

실제 시험과 유사한 구성 및 난이도로 제작된 문제를 풀어보며 iBT 토플 스피킹 학습을 효과적으로 마무리 할 수 있다.

iBT TOEFL Speaking 고득점의 발판, 해커스 토플 스피킹 인터미디엇!

03. 논리적인 모범 답안과 정확한 해석으로 실력 UP!

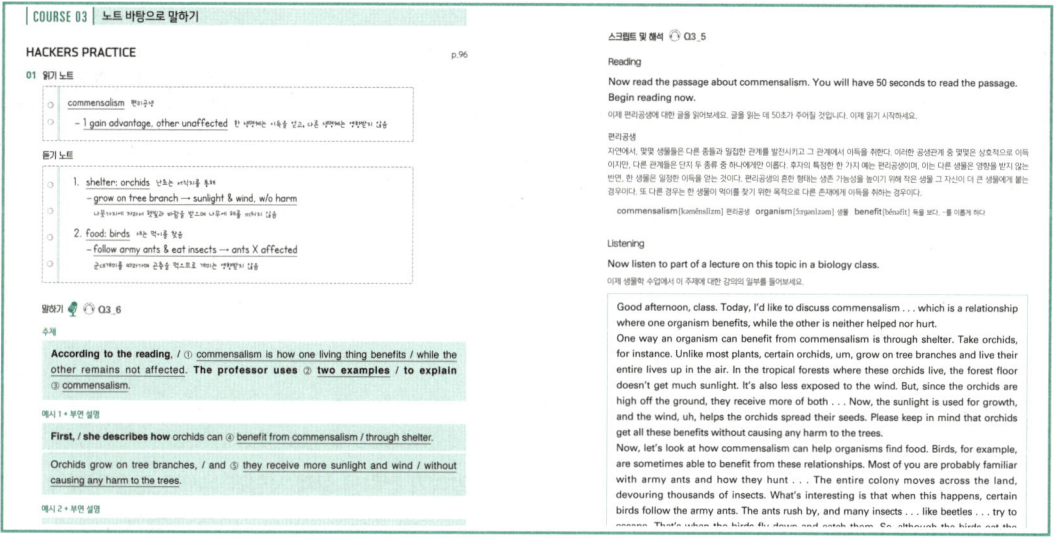

아웃라인/노트

독립형 문제에 대한 아웃라인 예시를 수록하여, 가장 논리적으로 답안을 말할 수 있는 방법을 익힐 수 있도록 하였다. 또한, **통합형 문제의 읽기 지문과 강의의 핵심 내용을 정리한 읽기/듣기 노트**를 제공하여, 효율적인 노트테이킹 방법을 익힐 수 있도록 하였다.

모범 답안

교재에 수록된 **문제에 대한 모범 답안**을 제공하여, 학습자들이 자신의 답안을 보완 및 개선할 수 있도록 하였다.

스크립트, 해석 및 어휘

통합형 문제의 듣기 스크립트와 읽기 지문을 매끄러운 해석 및 중요 어휘와 함께 제공하여, 학습자가 지문을 더욱 정확히 이해하고 어휘 실력까지 향상할 수 있도록 하였다.

04. 해커스만의 다양한 학습자료 제공!

해커스인강(HackersIngang.com)

해커스인강 사이트에서는 해커스 어학연구소에서 자체 제작한 **실전모의고사 프로그램**을 무료로 제공한다. 이 프로그램을 사용하여 교재에 수록된 2회분의 Actual Test를 실제 iBT TOEFL Speaking 시험과 동일한 환경에서 풀어볼 수 있다. 또한, 해커스인강 사이트에서는 배운 내용을 복습하며 영어로 자연스럽게 답안을 말해볼 수 있는 **말하기 연습 프로그램**도 제공하고 있다.

고우해커스(goHackers.com)

온라인 토론과 정보 공유의 장인 **고우해커스 사이트**에서 다른 학습자들과 함께 교재 내용에 대해 서로 의견을 교류하고 학습 내용을 토론할 수 있으며, **다양한 무료 학습자료와 TOEFL 시험 및 유학에 대한 풍부한 정보**도 얻을 수 있다.

iBT TOEFL 소개

■ iBT TOEFL이란?

iBT(Internet-based test) TOEFL(Test of English as a Foreign Language)은 종합적인 영어 실력을 평가하는 시험으로 읽기, 듣기, 말하기, 쓰기 능력을 평가하는 유형의 문제 외에도, 듣기-말하기, 읽기-듣기-말하기, 읽기-듣기-쓰기와 같이 각 능력을 연계한 통합형 문제가 출제된다. iBT TOEFL은 Reading, Listening, Speaking, Writing 영역의 순서로 진행되며, 4개의 시험 영역 모두 노트테이킹을 허용하므로 문제를 풀 때 노트테이킹한 내용을 참고할 수 있다.

■ iBT TOEFL 구성

시험 영역	출제 지문 및 문항 수	시험 시간	점수 범위	특징
Reading	· 2개 지문 출제 지문당 길이: 약 700단어 지문당 10문항 출제	36분	0~30점	· 지문 길이가 길고, 다양한 구조의 지문이 출제됨 · 사지선다 형태, 지문 클릭(지문에 문장 삽입하기) 형태, 또는 정보를 분류하여 요약표나 정보 분류표에 넣는 형태 등이 출제됨
Listening	· 2개 대화 출제 대화당 길이: 약 3분 대화당 5문항 출제 · 3개 강의 출제 강의당 길이: 3~5분 강의당 6문항 출제	41분	0~30점	· 대화 및 강의의 길이가 길고, 실제 상황에 가까움 · 사지선다 형태, 다시 듣고 푸는 형태, 정보를 분류해 표 안에 넣거나 순서대로 배열하는 형태 등이 출제됨
Speaking	· 독립형 1문항 출제 · 통합형 3문항 출제	17분 준비: 15~30초 답변: 45~60초	0~30점	· 독립형 문제(1번) 특정 주제에 대해 의견 말하기 · 통합형 문제(2~4번) 읽고 들은 내용에 기초하여 말하기
Writing	· 통합형 1문항 출제 · 토론형 1문항 출제	35분	0~30점	· 통합형 문제 읽고 들은 내용에 기초하여 글쓰기 · 토론형 문제 토론 주제에 대해 글쓰기
		2시간 내외	총점 120점	

■ iBT TOEFL 접수 및 성적 확인

실시일	ETS Test Center 시험은 1년에 60회 이상 실시되며, 홈에디션 시험은 일주일에 약 4~5일 실시됨
시험 장소	ETS Test Center에서 치르거나, 집에서 홈에디션 시험으로 응시 가능 (홈에디션 시험 응시 가능한 장비 및 환경 요건은 ETS 토플 웹사이트에서 확인 가능)
접수 방법	ETS 토플 웹사이트 또는 전화상으로 접수
시험 비용	(2024년 현재 기준이며, 가격 변동 있을 수 있음) · 시험 접수 비용 US $220　　　· 추가 리포팅 비용 US $25 (대학당) · 시험일 변경 비용 US $60　　　· 취소한 성적 복원 비용 US $20 · 추가 접수 비용 US $40　　　　· Speaking/Writing 재채점 비용 US $80 (영역당) 　(응시일로부터 2~7일 전에 등록할 경우)
시험 당일 주의사항	· 공인된 신분증 원본 반드시 지참하며, 자세한 신분증 규정은 ETS 토플 웹사이트에서 확인 가능 · 홈에디션 시험에 응시할 경우, 사전에 ProctorU 프로그램 설치하여 정상 작동 여부 확인 · 홈에디션 시험에 응시할 경우, 휴대폰 또는 손거울, 화이트보드 또는 투명 시트와 지워지는 마카 지참(일반 종이와 필기구, 헤드폰 및 이어폰은 사용 불가)
성적 및 리포팅	· 시험 응시 후 바로 Reading/Listening 영역 비공식 점수 확인 가능 · 시험 응시일로부터 약 4~8일 후에 온라인으로 성적 확인 가능 · 시험 접수 시, 자동으로 성적 리포팅 받을 기관 선택 가능 · MyBest Scores 제도 시행 (최근 2년간의 시험 성적 중 영역별 최고 점수 합산하여 유효 성적으로 인정)

iBT TOEFL Speaking 소개 및 학습전략

iBT TOEFL Speaking 영역에서는 영어를 사용하는 국가에서 공부할 때 필수적인 말하기 능력을 평가한다. 따라서 학생들은 Speaking 영역에 대비하는 과정을 통해 iBT TOEFL 고득점 달성뿐만 아니라, 실제 해외대학 진학 후 교육 환경에도 효과적으로 적응할 수 있을 것이다.

■ iBT TOEFL Speaking 구성

Speaking 영역은 약 17분간 진행되며, 총 4개의 문제가 출제된다. 이 문제들은 문제 형태에 따라 크게 Independent Task(독립형 문제) 1개와 Integrated Task(통합형 문제) 3개로 구성된다.

- **Independent Task (독립형 문제)**
  별도의 읽기나 듣기 지문 없이 제시된 질문에 대한 자신의 생각을 대답하는 문제이다.

- **Integrated Task (통합형 문제)**
  읽기 지문 및 듣기 지문을 이해한 후 이와 관련된 질문에 대답하는 문제이며, 읽고 듣고 말하기 유형과 듣고 말하기 유형으로 제시된다.

■ iBT TOEFL Speaking 문제 유형 소개

문제 유형	문제 번호	유형 소개	제한 시간
Independent Task (독립형 문제)	Q1	나의 선택 말하기 문제에 제시된 두 가지 사항 중 한 가지를 선택하거나, 주어진 진술에 대한 찬반 여부를 택하여 그 이유를 설명하는 유형	준비 시간: 15초 응답 시간: 45초
Integrated Task (통합형 문제)	Q2	읽고 듣고 말하기 (1) 대학 생활 대학 생활 관련 주제에 대한 지문을 읽은 후 대화를 듣고 중심 화자의 의견을 설명하는 유형	읽기 시간: 45초/50초 준비 시간: 30초 응답 시간: 60초
	Q3	읽고 듣고 말하기 (2) 대학 강의 학술적인 주제에 대한 지문을 읽은 후 강의를 듣고 지문의 주제와 강의의 예를 연계시켜 설명하는 유형	
	Q4	듣고 말하기 대학 강의 학술적인 주제에 대한 강의를 듣고 강의의 중심 내용을 예와 함께 설명하는 유형	준비 시간: 20초 응답 시간: 60초

Hackers TOEFL Speaking Intermediate

■ iBT TOEFL Speaking 화면 구성

1. 음량 조절 화면

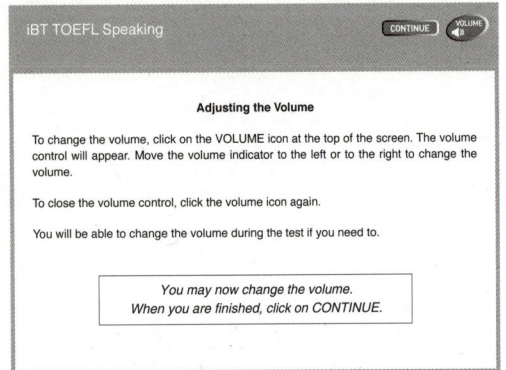

시험이 시작되기 전 헤드폰의 음량을 조절할 수 있는 화면이다. Volume 버튼을 누르면 음량을 조절할 수 있는 창이 나타난다. 시험을 보는 동안에도 계속해서 음량을 조절할 수 있다.

2. 마이크 음량 조절 화면

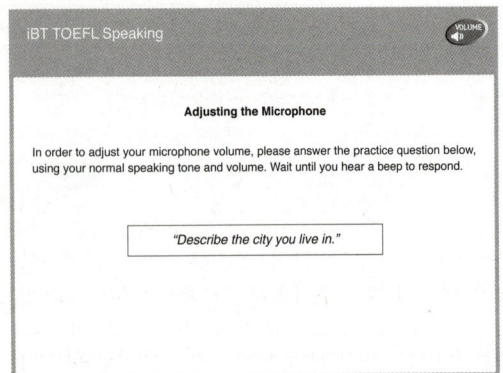

시험이 시작되기 전 마이크의 음량을 조절할 수 있는 화면이다. '삐' 소리가 난 후, 마이크를 통해 화면에 제시된 질문에 답한 후 녹음된 목소리의 음량을 확인한다. 마이크의 음량 조절은 시험이 시작되기 전에 이 화면을 통해서만 가능하므로, 녹음된 목소리의 음량이 너무 작거나 크지 않은지 반드시 확인한다.

3. Speaking 영역 Direction 화면

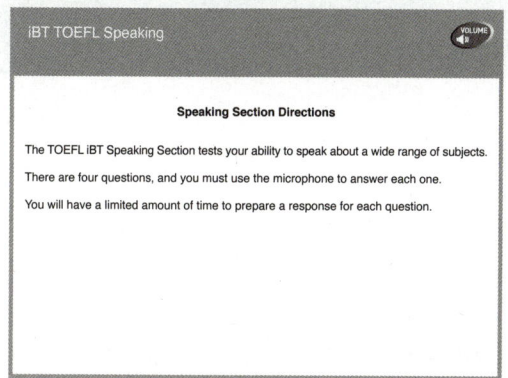

Speaking 영역의 전반적인 시험 진행 방식에 대한 설명이 화면에 제시되고, 같은 내용을 음성으로도 들려준다.

4. 독립형 문제 (Q1)

문제가 제시되는 화면

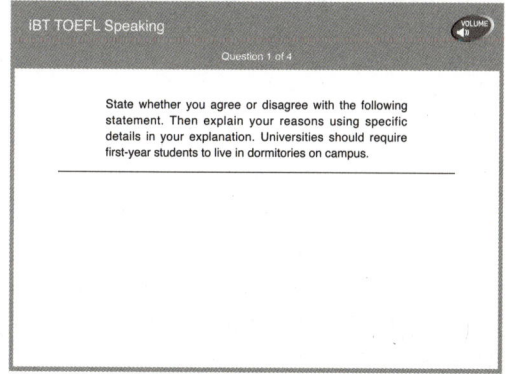

문제가 화면에 제시되고 같은 내용을 음성으로도 들려준다.

답안을 말하는 화면

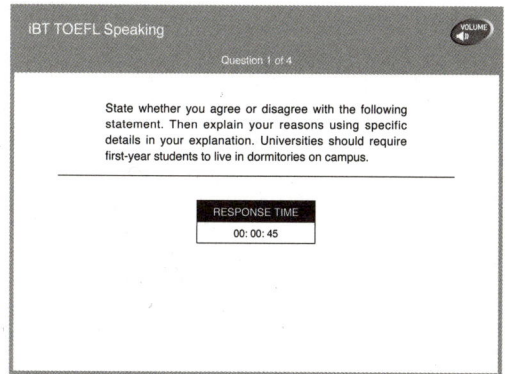

준비 시간 15초가 주어진다는 Direction이 음성으로 제시되고, 남은 시간이 화면에 표시된다. 준비 시간이 종료되면 곧바로 응답 시간 45초의 시작을 알리는 Direction이 음성으로 제시되고, 마찬가지로 남은 시간이 화면에 표시된다. 응답 시간이 끝나면 다음 화면으로 자동 전환된다.

5. 통합형 문제 (Q2~Q4)

읽기 지문이 제시되는 화면

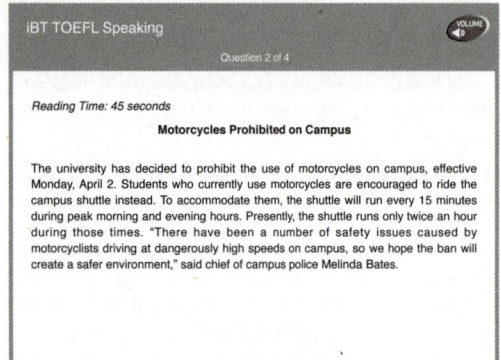

Q2~Q3의 경우 대학교 공지문이나 학술적인 주제에 대한 지문이 화면에 제시된다. 읽기에 주어지는 시간은 지문의 길이에 따라 45초 혹은 50초이며, 남은 시간이 화면 우측 상단에 표시된다.

대화나 강의가 제시되는 화면

Q2~Q3의 경우 읽기 지문과 관련된 대화 또는 강의를, Q4의 경우 학술적인 주제에 대한 강의를 듣게 된다. 대화나 강의를 들을 때는 화면에 관련 사진이 제시된다.

답안을 말하는 화면

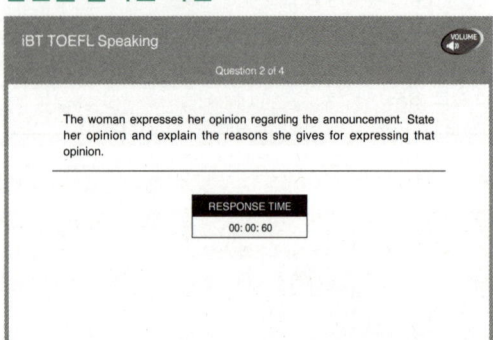

Q2~Q3의 경우 30초, Q4의 경우 20초의 준비 시간이 주어진다는 Direction이 음성으로 제시되고, 남은 시간이 화면에 표시된다. 준비 시간이 끝나면 Q2~Q4 모두 응답 시간 60초의 시작을 알리는 Direction이 음성으로 제시되고, 남은 시간이 화면에 표시된다. 응답 시간이 끝나면 다음 화면으로 자동 전환된다.

■ iBT TOEFL Speaking 점수 평가 요소

iBT TOEFL Speaking에서는 크게 응시자의 내용 전개 능력과 언어 사용 능력을 평가한다. 내용 전개 능력에서는 응시자가 주제를 언급하고 관련된 정보를 제시하였는지, 내용의 전달이 명백하고 자연스러운지, 전체적으로 의견이 일관성 있는지를 평가한다. 특히 통합형 문제의 경우에는 지문의 정보를 효과적으로 종합하여 요약하였는지도 평가한다. 언어 사용 능력에서는 학생이 다양한 표현과 정확한 문법을 구사하였는지, 그리고 자연스러운 발음으로 유창하게 말하였는지를 평가한다.

Independent Task (독립형 문제)

	독립형 문제 채점 기준표	
점수	내용 전개 능력	언어 사용 능력
4점	• 실수가 거의 없고 질문의 요구 사항을 만족시킴 • 답안이 질문에 적합하고 조리 있음 • 일관된 전개를 보이며 논리가 명백함	• 어휘와 문법을 효과적으로 사용함 • 단문과 복문을 자연스럽게 사용함 • 발음과 억양에 다소 어려움이 있어도 내용 전달에 영향을 미치지 않음
3점	• 전반적으로 이해하기 쉽지만 주제 전달에 있어 눈에 띄는 실수를 함 • 전개가 일관되지 않고 부연 설명이 부족함 • 위의 사항들이 의미 전달에 영향을 미치지 않음	• 다소 부정확한 어휘나 문법을 사용하거나 문장 구조와 언어 사용이 제한적임 • 말하는 속도, 억양, 발음에 실수가 있어 채점자의 세심한 주의를 요함
2점	• 주제와 관련은 있지만 세부 근거가 적고 내용 전개가 허술함 • 주장 간의 연결성이 불명확하고 관련 자료가 애매하거나 반복적임	• 어휘와 문법의 한계 때문에 주제의 흐름을 표현할 수 없음 • 대체로 이해가 가능하지만 발음과 억양이 불명확하고 말의 속도와 리듬이 끊김
1점	• 논리가 없으며 일관성이 떨어져 이해하기 어려움 • 주제를 이어가지 못하고 같은 표현들을 반복함	• 발음, 강세, 억양에 문제가 있으며 답안이 짧고 계속 끊기거나 주저함 • 어휘와 문법이 내용 전달에 방해됨 • 사전에 연습하였거나 상투적인 표현들에 의존함
0점	• 답안을 말하려는 노력을 하지 않거나 답안이 주제와 관련 없는 경우	

Integrated Task (통합형 문제)

점수	통합형 문제 채점 기준표	
	내용 전개 능력	언어 사용 능력
4점	· 일관되고 조리 있는 설명으로 이해가 쉬움 · 부분적으로 말의 속도가 달라지지만 전반적으로 내용이 명료함 · 주제를 정확히 전달하고 질문과 관련된 정보를 제시함	· 발음과 억양에 어려움이나 실수가 거의 없음 · 사소한 실수가 있더라도 적절한 단어와 다양한 문법을 사용하여 주제를 효과적으로 전달함
3점	· 질문에 적절하게 답할 수 있지만 완전하지 않음 · 대부분 내용이 일관되고 질문과 관련된 정보를 제시함	· 문법과 어휘를 효과적으로 사용하며 일관된 전개를 보임 · 어휘와 문법의 사용이 다소 제한적이나 심각한 문제는 되지 않음 · 전반적으로 표현이 부드럽고 명확하지만 속도, 억양, 발음의 미미한 실수가 듣기에 방해됨
2점	· 답안이 획일화되고 적절하지 못함 · 적절한 정보가 결여되거나 부적절한 정보를 제시함 · 주제에 대한 이해가 부족하여 중심 문장을 언급하지 않음	· 짧은 문구만 자연스럽게 구사함 · 생각을 조리 있게 설명하지 못하고 매우 일상적인 단어들로만 표현함 · 전달력의 부족으로 가끔 의미가 모호해짐
1점	· 이해가 매우 어렵고 논리가 없으며 일관성이 떨어짐 · 관련된 정보를 언급하지 못함 · 내용이 종종 부정확하고 애매하게 표현함	· 짧은 표현이나 몇몇 단어에만 의존함 · 지속적으로 발음, 강세, 억양에 문제가 있어 의미가 모호함
0점	· 답안을 말하려는 노력을 하지 않거나 답안이 주제와 관련 없는 경우	

■ iBT TOEFL Speaking 예상 점수 환산표

iBT Speaking 문제들의 모든 답안은 디지털 방식으로 녹음되어 ETS의 Online Scoring Network로 보내진다. 응시자들의 답안은 점수의 신뢰성을 위해 최소 세 명의 시험관에 의해 채점된다. 각 답안은 0~4의 점수로 기록되고, 네 문제의 평균 점수는 0~30의 점수로 환산된다.

아래의 표는 iBT Speaking 네 문제의 평균 점수를 환산한 것이다.

Speaking 평균 점수	예상 환산 점수 범위
4	30
3.75	28-29
3.5	26-27
3.25	24-25
3	22-23
2.75	20-21
2.5	18-19
2.25	16-17
2	15
1.75	13-14
1.5	11-12
1.25	9-10
1	7-8
0.75	5-6
0.5	3-4
0.25	1-2
0	0

※ 점수 환산의 예

 Q1은 4점을 받고, Q2~Q4는 각각 3점을 받은 경우
 {(4×1)+(3×3)}/4=3.25 (평균 점수)
 3.25점을 예상 환산표를 이용하여 변환하면 약 24-25점이다.

■ iBT TOEFL Speaking 학습전략

1. **문장구조와 표현을 익힌다.**
   영어의 기본적인 문장구조를 익히고 어휘와 관용구 등을 자연스럽게 사용할 수 있어야 한다. 적절한 연결어와 표현들을 사용하여 사고를 전개해 나갈 때 좀 더 쉽고 명료하게 자신의 생각을 전달할 수 있다. 이 책에 수록된 유형별·주제별 표현을 MP3 파일을 통해 반복적으로 학습하여 자연스럽게 습득한다.

2. **듣기 능력을 기른다.**
   통합형 문제는 말하기만큼이나 듣기 실력에 점수가 크게 좌우되는 유형이다. 따라서 교재 MP3뿐만 아니라 토플 Listening 교재나 기타 영어 듣기 자료를 이용하여 비교적 긴 대화나 강의를 듣고 이해하는 능력을 키운다. MP3를 들으면서 잘 안 들렸거나 심화 학습하고 싶은 지문을 골라 평소 반복하여 듣는 것이 듣기 능력 향상에 도움이 된다. 이때 다양한 영어권 발음이나 억양에도 익숙해지는 것이 중요하다.

3. **Note-taking을 이용한 요약 능력을 기른다.**
   짧은 글을 읽거나 듣고 자기 말로 요약하는 연습을 한다. 먼저 중요 포인트를 Note-taking하고 그 Note를 이용하여 자신의 말로 요약해 본다. 이를 위해, 교재에 수록된 각 문항별 Note 구조 및 작성 순서를 학습해 두는 것이 도움이 된다. 요약 시에는 시간을 제한해 두고 말하는 연습을 하여 시간의 흐름에 익숙해지도록 한다.

4. **다양한 토픽에 대한 배경지식을 쌓는다.**
   전혀 모르거나 생각해 본 적이 없는 문제에 대답하는 것은 무척 어려운 일이다. 다양한 토픽의 배경지식을 미리 쌓아 놓는 것이 좋다. 특히 통합형 문제는 평소 다양한 분야의 학술 및 시사적인 내용의 영어 지문들을 읽고 주요 아이디어를 머릿속으로 정리해 보는 연습을 하는 것이 중요하다. 고우해커스 사이트에서 제공하는 '토플 배경지식 사전'을 활용하여 다양한 토픽을 꾸준히 접함으로써 철저히 대비할 수 있다.

5. **평소 말하기 연습을 꾸준히 한다.**
   영어로 말하는 데 익숙해져야 하므로, 일상적이고 친숙한 주제를 시작으로 끊임없이 자신의 의견을 말로 표현해 보는 습관을 기른다. 특히 해커스인강 사이트에서 제공하는 말하기 연습 프로그램을 통해 자신의 목소리를 녹음한 뒤 원어민과 비교하여 정확한 억양 및 발음을 연습한다.

Note-taking

iBT TOEFL Speaking에서는 지문을 읽거나 대화와 강의를 듣는 동안 노트테이킹을 허용한다. 효과적인 노트테이킹은 전체적인 대화 또는 강의의 흐름을 파악하고 세부 정보들을 기억하여 말하는 데 도움을 주며, 각 정보들의 연관성도 쉽게 파악할 수 있도록 해준다.

■ 노트테이킹 방법

1. **핵심 내용만 간단히 적기**
   읽거나 들은 내용을 모두 적지 말고, 핵심 내용만 찾아서 간단한 표현과 어휘를 사용하여 적는다. 문장 전체를 쓰는 것보다는 '구' 단위의 표현으로 간단히 적는 것이 좋다. 불필요하거나 문법적인 요소는 생략하고, 답안을 말할 때 읽거나 들은 내용이 기억나도록 단서를 줄 수 있는 내용만 간단히 적도록 한다.

2. **문제 유형별로 적합한 형식에 맞추어 적기**
   문제 유형마다 지문의 구조와 흐름이 다르고 질문에서 대답하도록 요구하는 바가 다르므로, 각 문제 유형에 가장 적합한 형식에 맞추어 적는다. 유형별 형식을 미리 정해서 그에 맞추어 적는 연습을 해두면, 실제 시험에서 당황하지 않고 효율적으로 노트테이킹할 수 있다.

3. **언어 자유롭게 선택하여 적기**
   영어든지 한글이든지 그때그때 자신에게 편리한 언어를 선택하여 적는다. 짧은 시간 안에 중요한 내용만 골라서 빨리 적을 수 있도록 하나의 언어에 구애받지 않고 자유롭게 적는다.

4. **약어와 기호 적절히 사용하여 적기**
   자주 쓰이는 표현, 개념 간의 관계, 시간의 흐름 등은 약어나 기호를 활용하면 더 효율적으로 노트테이킹할 수 있다.

① 기호

=	equals; to be	+, &	plus; and	↑	increase; more
↓	decrease; less	→	become, result, change to	←	cause
↔	versus	O	yes; agree	X	not, no; disagree
∴	because	$	money	/	or; per; each

② 약어

exp.	experience	prof.	professor	univ.	university	etc.	and so on
edu.	education	environ.	environment	vs.	versus	grad.	graduation
tech.	technology	temp.	temperature	info.	information	no.	number
min.	minute	sec.	second	M	man	W	woman
w/	with	w/o	without	b/w	between	s/o	someone

■ 노트테이킹의 예

듣기 지문

You've probably heard that more and more species are disappearing, right? To put it frankly, the number of endangered species these days is quite alarming. There are various causes of species extinctions, and today I'm going to talk about two of them.

One thing that can cause species to die out is an invasive species. Take the accidental introduction of the non-native brown tree snake to Guam in the late 1940s. The snakes thrived by feeding on native birds, whose numbers plummeted as a result. Before the arrival of the brown tree snake, you could hear birds singing in the forest . . . but now the forests are quiet. Within the last 30 years, in fact, 91 percent of Guam's native bird species have been eliminated.

Another way extinctions can happen is through climate change. As you know, ice in the seas is melting faster and faster because of global warming. Well, many species, such as the emperor penguin, depend on ice to survive. That's because, uh, they breed on the ice and get their food from under the ice. Scientists think that if the melting continues, the emperor penguin's population will fall so low that it will be unable to recover, and it could be pushed to the brink of extinction by the end of this century.

듣기 노트

```
causes of species extinct.  종 멸종의 원인들

1. invasive species  침입종
    - brown tree snake: feed on native bird  갈색나무뱀은 토종 새 먹음
    - 91% native bird elim.  토종 새의 91% 사라짐

2. climate change  기후 변화
    - ice melt ← global warming  지구 온난화로 얼음 녹음
    - empr. penguin: depend on ice to survive → extinct.
      황제펭귄은 생존 위해 얼음 필요하므로 멸종함
```

해커스 학습플랜

자신에게 맞는 학습플랜을 선택하여 학습하면 효과적입니다.

4주 학습플랜

	Day 1	Day 2	Day 3	Day 4	Day 5
Week 1	Q1 Intro + Q1 COURSE 01	Q1 COURSE 02	Q1 COURSE 03	Q1 HT	Q2 Intro + Q2 COURSE 01
Week 2	Q2 COURSE 02	Q2 COURSE 03	Q2 HT	Q3 Intro + Q3 COURSE 01	Q3 COURSE 02
Week 3	Q3 COURSE 03	Q3 HT	Q4 Intro + Q4 COURSE 01	Q4 COURSE 02	Q4 COURSE 03
Week 4	Q4 HT	AT 1	AT 1 Review	AT 2	AT 2 Review

* 8주 학습플랜을 진행하고 싶은 학습자는 4주 학습플랜의 하루 학습 분량을 이틀에 걸쳐 공부합니다.

6주 학습플랜

	Day 1	Day 2	Day 3	Day 4	Day 5
Week 1	Q1 Intro + Q1 COURSE 01	Q1 COURSE 02	Q1 COURSE 03	Q1 COURSE 01~03 Review	Q1 HT
Week 2	Q1 HT Review	Q2 Intro + Q2 COURSE 01	Q2 COURSE 02	Q2 COURSE 03	Q2 COURSE 01~03 Review
Week 3	Q2 HT	Q2 HT Review	Q3 Intro + Q3 COURSE 01	Q3 COURSE 02	Q3 COURSE 03
Week 4	Q3 COURSE 01~03 Review	Q3 HT	Q3 HT Review	Q4 Intro + Q4 COURSE 01	Q4 COURSE 02
Week 5	Q4 COURSE 03	Q4 COURSE 01~03 Review	Q4 HT	Q4 HT Review	Q1, Q2 Review
Week 6	Q3, Q4 Review	AT 1	AT 1 Review	AT 2	AT 2 Review

* HT = Hackers Test   AT = Actual Test

Hackers TOEFL Speaking Intermediate

학습플랜 활용법

1. 매일매일 정해진 학습 분량을 공부합니다.

2. 먼저 Introduction을 통해 문제 유형에 대해 간단히 살펴본 후, COURSE 01 중요 표현 익히기를 통해 말하기에 유용한 표현을 익히고, Hackers Practice를 통해 문장 말하기 연습을 합니다.

3. COURSE 02 아웃라인 적기 / 노트테이킹하기, COURSE 03 아웃라인 / 노트 바탕으로 말하기를 통해 문제 유형을 꼼꼼하게 학습하고, Hackers Practice와 Hackers Test를 통해 스피킹 실력을 다집니다.

4. 실전에 임하는 자세로 문제를 풀고, 문제를 다 푼 후에는 해석과 모범 답안을 참고하여 지문을 분석하고 자신의 답안을 보완합니다.

5. 복습을 통해 지문을 확실히 이해한 후, 다시 답안을 말해보는 연습을 반복합니다. 이때 MP3로 끊어 말하기가 제공되는 음성 자료를 따라 반복하여 말하기를 연습하면서 모범 답안을 확실히 외우도록 합니다.

6. 교재에서 이해가 되지 않는 부분은 고우해커스(goHackers.com)의 [해커스 Books > 토플 스피킹 Q&A]를 통해 확인합니다.

7. 당일의 정해진 학습 분량을 마치지 못했을 경우에는, 계속 진도를 나가되 일주일이 지나기 전에 해당 주의 학습 분량을 모두 끝냅니다.

무료 토플자료·유학정보 제공 goHackers.com

Hackers TOEFL
Speaking
Intermediate

Independent Task

Q1 나의 선택 말하기

무료 토플자료·유학정보 제공 goHackers.com

Hackers TOEFL Speaking Intermediate

Q1 나의 선택 말하기

◆

COURSE 1 중요 표현 익히기

COURSE 2 아웃라인 적기

COURSE 3 아웃라인 바탕으로 말하기

INTRODUCTION

■ Overview

Q1 나의 선택 말하기 문제는 제시된 두 가지 선택사항 중에 어느 것을 더 선호하는지를 말하는 유형과 제시된 진술에 대해 동의하는지 여부를 말하는 유형으로 이루어진다. 주로 대학 생활이나 일상생활과 관련된 주제에 대한 질문이 나온다.

시험 진행 방식

Direction	• Q1 나의 선택 말하기 문제에 대한 설명
말하기	• 화면과 음성으로 질문 제시 • 준비 시간: 15초 • 말하기 시간: 45초

■ 출제 예상 주제

Q1의 주제는 크게 대학 생활과 일상생활, 두 가지로 나뉘고, 각각의 예는 다음과 같다.

● 대학 생활

Do you want to work during the day and study at night or work at night and study during the day?
당신은 낮에 일하고 밤에 공부하고 싶은가요, 아니면 밤에 일하고 낮에 공부하고 싶은가요?

Do you prefer small or large classes?
당신은 소규모 수업을 선호하나요, 아니면 대규모 수업을 선호하나요?

● 일상생활

Do you agree with the following statement? Parents are the best teachers of their children.
당신은 다음 진술에 동의하나요? 부모가 아이들에게 최고의 선생님이다.

Some people depend on newspapers or magazines to obtain information. Others rely on television. Which is better?
어떤 사람들은 정보를 얻기 위해 신문이나 잡지에 의존합니다. 다른 사람들은 텔레비전에 의존합니다. 어느 것이 나은가요?

■ 질문의 핵심 포인트

Q1의 질문에서는 먼저 자신이 선호하는 사항이나 어떤 진술에 대한 입장을 고르고, 이를 선택한 이유를 설명할 것을 요구한다.

질문의 예
Some students prefer to work on assignments alone. Others prefer to work in groups. (Which do you prefer) and (why)?
　　　　　　　　　나의 선택　　　　　　　　　　이유

어떤 학생들은 숙제를 혼자 하는 것을 선호합니다. 다른 학생들은 집단으로 하는 것을 선호합니다. 당신은 어느 것을 선호하고, 이유는 무엇입니까?

■ Step별 문제풀이 전략

Step 1　아웃라인 적기
　　　　　질문에 제시된 두 가지 선택사항이나 어떤 진술에 대한 나의 선택, 그에 대한 이유와 구체적 근거로 구성된 아웃라인을 적는다. 이때 나의 선택, 이유, 구체적 근거는 답변을 말할 때 아이디어를 얻는 정도로만 간략하게 적는다.

Step 2　아웃라인 바탕으로 말하기
　　　　　작성한 아웃라인을 바탕으로 말한다. 이때 나의 선택을 먼저 말하고 이유와 구체적 근거를 들어 나의 선택을 뒷받침한다.

Hackers TOEFL Speaking Intermediate

COURSE 01 중요 표현 익히기

▲ 무료 음원
바로 듣기

Q1 나의 선택 말하기 문제의 답변을 말할 때 유용하게 사용할 수 있는 중요 표현들을 예문과 함께 익혀보자. 정확한 발음으로 녹음된 음성 자료를 따라 예문을 반복해서 읽으며 외워두면 좋다.

유형별 표현 Q1_1

1. 나의 선택을 말할 때 쓸 수 있는 표현

1 나는 ~을 선호한다
I prefer ~

나는 이메일을 보내는 것보다 전화로 연락하는 것을 선호한다.
I prefer communicating over the phone to sending e-mails.
* 연락하다 communicate

나는 다른 사람의 충고를 듣는 것보다 나 자신의 경험을 통해 배우는 것을 선호한다.
I prefer learning through my own experiences to listening to the advice of others.

2 나는 ~라는 진술 [의견/계획]에 동의한다
I agree with the statement [idea/plan] that ~

나는 지도자에게는 정직이 가장 중요한 자질이라는 진술에 동의한다.
I agree with the statement that for leaders, honesty is the most important quality.
* 지도자 leader   * 정직함 honesty

3 나는 ~라는 진술 [의견/계획]에 동의하지 않는다
I disagree with the statement [idea/plan] that ~

나는 인생에서 성공하기 위해 대학 교육이 필요하다는 진술에 동의하지 않는다.
I disagree with the statement that a college education is necessary in order to succeed in life.
* 성공하다 succeed   * 필요한 necessary

4 나는 A가 (B보다) 낫다고 생각한다
I think A is better (than B)

나는 탐험하며 시간을 보내는 것이 나의 목적지에 곧바로 가는 것보다 낫다고 생각한다.
I think spending time exploring **is better than** going directly to my destination.
* 탐험하다 explore   * 목적지 destination   * 곧바로 directly

2. 이유를 말할 때 쓸 수 있는 표현

5 첫째로
First

첫째로, 혼자 공부하는 것은 내게 더 편하다.
First, studying alone is more convenient for me.
* 편한 convenient

첫째로, 느슨한 생활 양식은 스트레스가 더 적다.
First, a relaxed lifestyle is less stressful.
* 생활 양식 lifestyle

6 둘째로
Second

둘째로, 경험을 통해 배우는 것이 더 강력하다.
Second, learning through experiences is more powerful.
* 경험 experience

둘째로, 만약 늦게 제출된 과제가 처벌되지 않는다면 좋지 않은 예가 되는 것이다.
Second, it sets a bad example if late assignments are not penalized.
* 처벌하다 penalize

3. 구체적 근거를 말할 때 쓸 수 있는 표현

7 예를 들어
For example

예를 들어, 전화로 친구들을 파티에 초대할 때, 나는 얼마나 많이 올지 빨리 추정할 수 있다.
For example, when I invite friends to a party by phone, I can quickly estimate how many will come.
* 초대하다 invite   * 추정하다 estimate

8 구체적으로
To be specific

구체적으로, 나는 누군가의 어조를 들으면, 그들이 진짜로 어떻게 느끼는지 알아차릴 수 있다.
To be specific, if I hear the tone of someone's voice, then I can recognize how they really feel.
* 알아차리다 recognize

주제별 표현 🎧 Q1_2

1. 대학 생활에 대해 말할 때 쓸 수 있는 표현

1 견학
field trip

내가 견학을 가서 무언가를 배우면, 나는 그것을 더 잘 기억할 것이다.
If I learn about something on a **field trip**, then I will remember it better.

2 시간을 정하다
arrange a time

내가 친구들과 함께 공부하면, 우리는 우리 모두가 만날 수 있는 시간을 정해야 한다.
If I study with my friends, we have to **arrange a time** when all of us can meet.

3 ~하면서 시간을 보내다
spend 시간 ~ing

지난주에 내가 친구들과 함께 공부했을 때, 우리는 밤새 이야기하면서 보냈다.
When I studied with my friends last week, we **spent** the whole night **talking**.

4 충고를 하다
give advice

부모님과 선생님들이 다른 충고를 해주었고 나를 혼란스럽게 만들었다.
My parents and teachers **gave** me different **advice** and made me confused.
＊ 혼란스러운 confused

5 전공을 정하다
decide on one's major

나는 전공을 정하려고 하였다.
I was trying to **decide on my major**.

2. 일상생활에 대해 말할 때 쓸 수 있는 표현

6 ~의 답변을 받다
receive one's reply

전화로는, 나는 누군가의 답변을 즉시 받을 수 있다.
On the phone, I can **receive someone's reply** immediately.
* 즉시 immediately

7 많은 돈을 벌다
make a lot of money

대학에 가지 않고도 많은 돈을 번 몇몇 사업가들이 있다.
There are some business owners who have **made a lot of money** without going to university.

8 스트레스로부터 해방되다
be relieved from stress

그는 퇴직했을 때 스트레스로부터 해방되었다.
When he retired, he **was relieved from stress**.
* 퇴직하다 retire

9 빠르게 돌아가는
fast-paced

빠르게 돌아가는 삶을 사는 사람들은 좋은 음식을 먹을 시간이 더 적다.
People who live a **fast-paced** life have less time to eat good food.

10 가능한 많은 ~
as many ~ as possible

나는 가능한 많은 다양한 장소를 보는 것을 좋아한다.
I like to see **as many** different places **as possible**.

Hackers Practice

앞에서 익힌 중요 표현을 활용하여 다음 문장을 영어로 말해보세요.

01 둘째로 / 배우는 것이 / 경험을 통해 / 더 강력하다
* 경험 experience

_____.

02 첫째로 / 혼자 공부하는 것은 / 더 편하다 / 내게
* 편한 convenient

_____.

03 나는 ~을 보는 것을 좋아한다 / 가능한 많은 다양한 장소

_____.

04 나는 ~을 선호한다 / 전화로 연락하는 것 / 이메일을 보내는 것보다

_____.

05 그는 퇴직했을 때 / 그는 스트레스로부터 해방되었다
* 퇴직하다 retire

_____.

06 둘째로 / 좋지 않은 예가 되는 것이다 / 만약 늦게 제출된 과제가 / 처벌되지 않는다면
* 처벌하다 penalize

_____.

07 전화로는 / 나는 누군가의 답변을 받을 수 있다 / 즉시
* 즉시 immediately

_____.

Hackers TOEFL Speaking Intermediate

08 나는 ~라고 생각한다 / 탐험하며 시간을 보내는 것이 낫다 / 나의 목적지에 곧바로 가는 것보다
  * 탐험하다 explore   * 목적지 destination   * 곧바로 directly

  🎤 _____.

09 내가 공부하면 / 나의 친구들과 함께 / 우리는 시간을 정해야 한다 / 우리 모두가 만날 수 있는

  🎤 _____.

10 몇몇 사업가들이 있다 / 많은 돈을 번 / 대학에 가지 않고도

  🎤 _____.

11 나는 ~라는 진술에 동의하지 않는다 / 대학 교육이 필요하다 / 인생에서 성공하기 위해
  * 필요한 necessary   * 성공하다 succeed

  🎤 _____.

12 예를 들어 / 내가 친구들을 파티에 초대할 때 / 전화로 / 나는 빨리 추정할 수 있다 / 얼마나 많이 올지
  * 초대하다 invite   * 추정하다 estimate

  🎤 _____.

13 내가 무언가를 배우면 / 견학을 가서 / 나는 그것을 더 잘 기억할 것이다

  🎤 _____.

14 구체적으로 / 나는 들으면 / 누군가의 어조를 / 나는 알아차릴 수 있다 / 그들이 진짜로 어떻게 느끼는지
  * 알아차리다 recognize

  🎤 _____.

모범 답안 p.150   Q1_3

Q1 나의 선택 말하기 37

Hackers TOEFL Speaking Intermediate

COURSE 02 아웃라인 적기

▲ 무료 음원
바로 듣기

준비 시간 15초 동안 질문에 제시된 두 가지 선택사항이나 어떤 진술에 대한 아웃라인을 적는다. 질문에서 요구하는 포인트를 조리 있게 말할 수 있도록 다음의 구조에 맞추어 아웃라인을 적는다.

아웃라인 구조

나의 선택
• 이유 1
  - 구체적 근거
• 이유 2
  - 구체적 근거

▶ 아웃라인 적는 순서

1 나의 선택 적기
나의 선택을 간략하게 적는다. 준비 시간 15초 안에 말할 내용을 모두 생각해서 아웃라인을 적어야 하므로 말할 거리가 잘 생각나는 것을 나의 선택으로 정한다.

2 이유 적기
나의 선택을 뒷받침할 수 있는 이유를 간략하게 적는다. 이유는 두 가지 정도를 적는 것이 의견을 효과적으로 받쳐 주기에 충분하다. 이유에 대한 구체적 근거를 들어야 하므로 너무 세부적인 내용은 피한다.

3 구체적 근거 적기
나의 선택에 대한 이유가 설득력을 가질 수 있도록 구체적 근거를 간략하게 적는다. 이유에 대한 추가 설명이나 예를 구체적 근거로 제시하면 상대방이 나의 말을 듣고 쉽게 이해할 수 있다.

아웃라인의 예

> **Q** Some students prefer to work on assignments alone. Others prefer to work in groups. Which do you prefer and why?
> 어떤 학생들은 숙제를 혼자 하는 것을 선호합니다. 다른 학생들은 집단으로 하는 것을 선호합니다. 당신은 어느 것을 선호하고, 이유는 무엇입니까?

① 나의 선택, 즉 숙제를 혼자 또는 집단으로 하는 것 중 더 낫다고 생각하는 한 가지를 간략하게 적는다.
② 그것이 나은 두 가지 이유를 간략하게 적는다.
③ 각 이유에 대한 구체적 근거를 간략하게 적는다.

아웃라인

나의 선택	alone 혼자
이유 1	1. ↑ convenient 더 편함
구체적 근거	– time, place 시간, 장소
이유 2	2. work harder 더 열심히 함
구체적 근거	– w/ friends talking, alone achieve ↑ 친구들과 있으면 이야기함, 혼자 더 많이 성취함

Hackers Practice

다음 질문에 답하기 위한 아웃라인을 작성해 보세요.

01 🎧 Q1_4

Some people rely on books from the library when they are doing research. Others use the resources available on the Internet. Which method do you prefer and why?

아웃라인 ✏️

○	나의 선택	Internet
○	이유 1	1. ↑ convenient
○	구체적 근거	— _____
○	이유 2	2. easier, faster
○	구체적 근거	— _____

02 🎧 Q1_5

Do you agree or disagree with the following statement? **Television has a negative effect on people.** Use specific examples and details to explain your answer.

아웃라인 ✏️

○	나의 선택	agree
○	이유 1	1. X exercise
○	구체적 근거	— _____
○	이유 2	2. X educational
○	구체적 근거	— _____

03 Q1_6

State whether you agree or disagree with the following statement. Then explain your reasons using specific details in your explanation.

Knowledge is more important than ability for teaching.

아웃라인 ✏️

나의 선택	disagree
이유 1	1. complex → easy
구체적 근거	- _____
이유 2	2. _____
구체적 근거	- _____

04 Q1_7

Some people prefer to shop at large department stores. Others prefer to shop at small local stores. Which do you prefer and why?

아웃라인 ✏️

나의 선택	_____
이유 1	1. _____
구체적 근거	- _____
이유 2	2. _____
구체적 근거	- _____

모범 답안 p.151

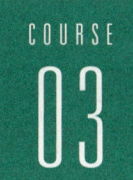

Hackers TOEFL Speaking Intermediate

아웃라인 바탕으로 말하기

▲ 무료 음원 바로 듣기

미리 작성해 둔 아웃라인을 바탕으로 말하기 시간 45초 동안 나의 선택, 이유, 구체적 근거의 순서로 말한다. 다음의 예와 같이 구조에 맞게 쓸 수 있는 표현을 순서대로 반복적으로 연습해 두면, 당황하지 않고 짜임새 있게 말할 수 있다.

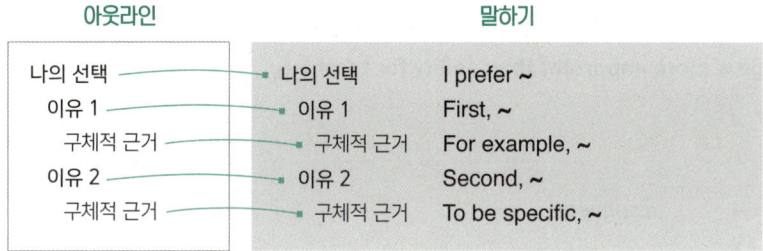

▶ 아웃라인 바탕으로 말하는 순서

1 나의 선택 말하기

다음의 나의 선택 말하기 표현과 질문의 표현을 활용하여 아웃라인에 적은 나의 선택을 말한다.

나의 선택 말하기 표현

- I prefer ~ 나는 ~을 선호한다
- I agree with the statement [idea/plan] that ~ 나는 ~라는 진술 [의견/계획]에 동의한다
- I disagree with the statement [idea/plan] that ~ 나는 ~라는 진술 [의견/계획]에 동의하지 않는다
- I think A is better (than B) 나는 A가 (B보다) 낫다고 생각한다

나의 선택 말하기의 예

Q Some students prefer to work on assignments alone. Others prefer to work in groups. Which do you prefer and why?

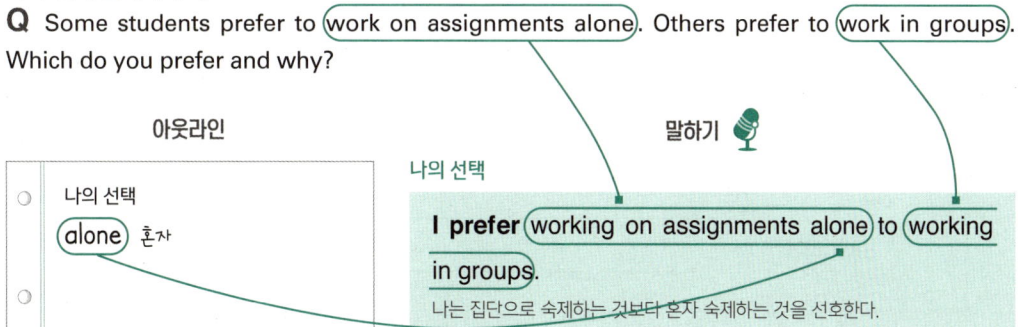

2 이유와 구체적 근거 말하기

나의 선택을 말한 후 이를 뒷받침하는 이유와 구체적 근거를 말한다. 다음의 이유 말하기 표현과 구체적 근거 말하기 표현을 활용하여 아웃라인에 적은 이유와 구체적 근거를 말한다.

이유 말하기 표현

- First 첫째로
- Second 둘째로

구체적 근거 말하기 표현

- For example 예를 들어
- To be specific 구체적으로

이유와 구체적 근거 말하기의 예

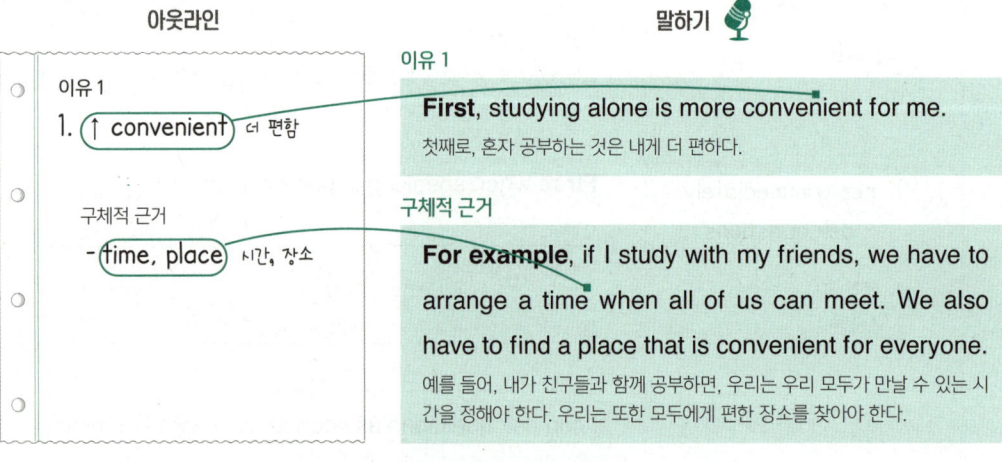

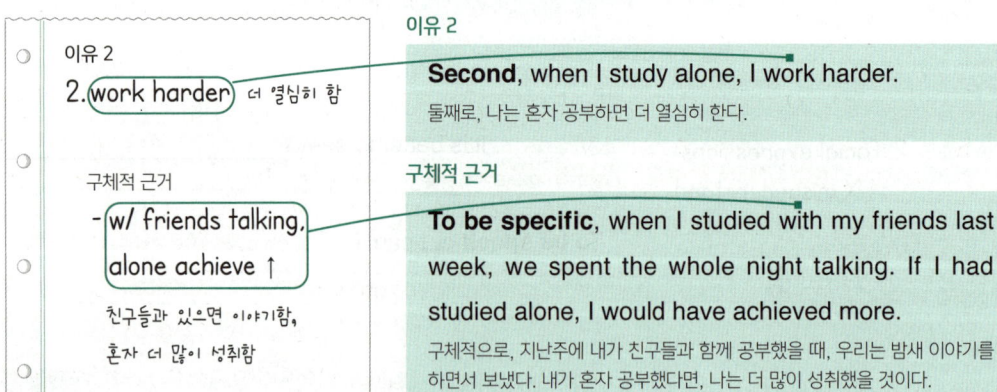

TIPS

이유와 구체적 근거를 말하고도 시간이 남았다면, 전체 내용을 아우르는 마무리 문장을 덧붙여 말할 수 있다.

ex) For these reasons, I think working on assignments alone is better.
　　이러한 이유로, 나는 혼자 숙제하는 것이 더 낫다고 생각한다.

Hackers Practice

다음 아웃라인을 보고 답변을 완성하여 말해보세요.

01 Q1_8

When seeking feedback on assignments or test results, some people prefer to talk to a professor in person. Others prefer to receive written comments, such as through e-mails. Which method do you prefer and why?

아웃라인

- talking in person
  직접 대화

1. reply immediately
   - ask questions
   1. 답변 즉시
      - 질문

2. facial expressions
   - X misunderstand
   2. 표정
      - 오해하지 않음

말하기

나의 선택

① _____ to receiving written comments.

나는 서면으로 된 의견을 받는 것보다 교수님과 직접 대화하는 것을 선호한다.

이유 1 + 구체적 근거

First, when speaking in person, I can ② _____.

첫째로, 직접 이야기할 때, 교수님의 답변을 즉시 받을 수 있다.

③ _____,
I can ask questions as soon as they come to mind.

예를 들어, 교수님이 과제에 대한 의견을 주실 때, 나는 질문이 떠오르자마자 할 수 있다.

이유 2 + 구체적 근거

④ _____, it is better to see ⑤ _____.

둘째로, 교수님의 표정을 보는 것이 더 낫다.

To be specific, I can ⑥ _____ on ⑦ _____.

구체적으로, 시험 결과와 같은 민감한 주제에 대한 교수님의 의도를 오해하는 것을 피할 수 있다.

모범 답안 p.152 Q1_9

02 Q1_10

Do you agree or disagree with the following statement? **The government should preserve old buildings instead of destroying them and building new ones.** Use specific examples and details to explain your answer.

아웃라인

- agree
  동의함

1. save $
   - expensive new buildings
   1. 돈을 아낌
      - 새로운 건물은 비쌈

2. benefit tourism industry
   - visit Europe
   2. 관광 산업에 이득이 됨
      - 유럽을 방문함

말하기

나의 선택

① _____ the government should preserve old buildings instead of destroying them and building new ones.
나는 정부가 오래된 건물을 없애고 새로 짓는 대신 오래된 건물을 보존해야 한다는 진술에 동의한다.

이유 1 + 구체적 근거

② _____.
첫째로, 오래된 건물을 보존하는 것은 정부가 많은 돈을 아끼도록 해줄 수 있다.

To be specific, it is very ③ _____, and preserving old buildings is much cheaper.
구체적으로, 새로운 건물을 짓는 것은 매우 비싸고, 오래된 건물을 보존하는 것이 훨씬 더 싸다.

이유 2 + 구체적 근거

Second, preserving old buildings ④ _____ in our country.
둘째로, 오래된 건물을 보존하는 것은 우리나라의 관광 산업에 이득이 될 수 있다.

⑤ _____, a lot of people ⑥ _____ _____ that have been preserved by the government.
예를 들어, 많은 사람들이 정부에 의해 보존되고 있는 많은 오래된 건물을 보기 위해 유럽을 방문한다.

모범 답안 p.153 Q1_11

Hackers Practice

03 🎧 Q1_12

Some people think that a relaxed lifestyle is better than a fast-paced, busy life. Which one do you think is a better way of life? Explain why.

아웃라인

- relaxed
- 느슨한

1. ↓ stress
   - father retired
   1. 스트레스 더 적음
      - 아버지 퇴직

2. healthier
   - fast life: ↓ time, junk food
   2. 더 건강
      - 바쁜 삶: 시간 적음, 정크 푸드

말하기 🎤

나의 선택

I think ① _____ is better than a fast-paced, busy life.
나는 빠르게 돌아가는 바쁜 삶보다 느슨한 생활 양식이 낫다고 생각한다.

이유 1 + 구체적 근거

First, a relaxed lifestyle is ② _____.
첫째로, 느슨한 생활 양식은 스트레스가 더 적다.

③ _____, when my father worked, he always felt stressed because he often had to work past midnight. When ④ _____, he was relieved from stress.
예를 들어, 아버지께서는 일하셨을 때, 종종 자정이 넘어서까지 일을 하셔야 했기 때문에 항상 스트레스를 받으셨다. 그는 퇴직하셨을 때 스트레스로부터 해방되셨다.

이유 2 + 구체적 근거

Second, a relaxed lifestyle is ⑤ _____.
둘째로, 느슨한 생활 양식이 건강에 더 좋다.

To be specific, people who ⑥ _____ _____ to eat good food. Busy people often eat ⑦ _____ because it is quick and simple.
구체적으로, 빠르게 돌아가는 삶을 사는 사람들은 좋은 음식을 먹을 시간이 더 적다. 바쁜 사람들은 빠르고 간단하기 때문에 종종 정크 푸드를 먹는다.

모범 답안 p.153 🎧 Q1_13

04 Q1_14

Some people prefer to learn by listening to the advice of others, such as parents and teachers. Others prefer to learn through their own experiences. Which method do you prefer and why?

아웃라인

- experience
  - 경험

- 1. X know whose advice to trust
  - decide major
  1. 누구의 충고를 믿을지 모름
     - 전공 결정

- 2. experiences ↑ powerful
  - field trip
  2. 경험이 더 강력함
     - 견학

말하기

나의 선택

① _____
to listening to the advice of others.
나는 다른 사람들의 충고를 듣는 것보다 나 자신의 경험을 통해 배우는 것을 선호한다.

이유 1 + 구체적 근거

First, it is ② _____.
첫째로, 누구의 충고를 믿어야 할지 아는 것은 힘들다.

For example, when I was trying to ③ _____, my parents and teachers gave me different advice and made me confused.
예를 들어, 내가 전공을 정하려고 했을 때, 부모님과 선생님들이 다른 충고를 해주었고 나를 혼란스럽게 만들었다.

이유 2 + 구체적 근거

④ _____.
둘째로, 경험을 통해 배우는 것이 더 강력하다.

To be specific, if I learn about something ⑤ _____ _____, then I will remember it better.
구체적으로, 만약 내가 견학을 가서 무언가를 배우면, 나는 그것을 더 잘 기억할 것이다.

모범 답안 p.154   **Q1_15**

Hackers Test

다음 질문에 답하기 위해 아웃라인을 작성하고 답변을 완성하여 말해보세요.

01 Q1_16

Some people go directly to their destinations when traveling. Others spend time exploring while they are traveling. Which one do you think is a better way of traveling? Explain why.

아웃라인

- exploring
- 1. miss unexpected
  - _____
  - _____
- 2. fun
  - _____
  - _____

말하기

나의 선택
I think ① _____
_____.

이유 1 + 구체적 근거
First, ② _____
_____.

For example, ③ _____
_____
_____.

이유 2 + 구체적 근거
Second, ④ _____.

To be specific, ⑤ _____
_____.

⑥ _____
_____.

For these reasons, I think spending time exploring is better.

모범 답안 p.155 Q1_17

02 Q1_18

A professor is considering giving students who have performed poorly on exams an opportunity to improve their grades. If the students submit additional essays, the professor will reassess their overall grades. Do you agree or disagree with this idea? Use specific examples and details to explain your answer.

아웃라인

- disagree

1. unfair
   - _____
     _____

2. set bad example
   - _____
     _____

말하기

나의 선택

I disagree with the idea that ① _____ .

이유 1 + 구체적 근거

First, ② _____ .

To be specific, ③ _____

④ _____
_____ .

이유 2 + 구체적 근거

Second, ⑤ _____
_____ .

For example, ⑥ _____ .

⑦ _____
_____ .

For these reasons, I think the professor should not give students another chance to improve their grades.

모범 답안 p.156   Q1_19

무료 토플자료·유학정보 제공 goHackers.com

Hackers TOEFL Speaking Intermediate

Integrated Task

Q2 읽고 듣고 말하기 (1) 대학 생활

Q3 읽고 듣고 말하기 (2) 대학 강의

Q4 듣고 말하기 - 대학 강의

무료 토플자료·유학정보 제공   goHackers.com

Hackers TOEFL Speaking Intermediate

Q2 읽고 듣고 말하기 (1) 대학 생활

COURSE 1 중요 표현 익히기
COURSE 2 노트테이킹하기
COURSE 3 노트 바탕으로 말하기

INTRODUCTION

Overview

Q2 읽고 듣고 말하기 (1) 대학 생활 문제는 읽고 들은 내용을 바탕으로 제시된 질문에 답하는 유형이다. 학교의 공지문이나 교내 신문 기사 등 대학 생활과 관련된 지문을 읽고 그 지문에 대한 학생들의 대화를 듣게 된다. 그 후 읽기 지문의 내용에 대해 듣기의 화자가 어떻게 생각하는지 묻는 질문이 나온다.

시험 진행 방식

Direction		• Q2 읽고 듣고 말하기 (1) 대학 생활 문제에 대한 설명
읽기		• 읽기 관련 음성 Direction • 읽기 지문 제시 (80~110 단어) • 읽기 시간: 45초 또는 50초
듣기		• 듣기 관련 음성 Direction • 듣는 동안 화면에 사진 제시 • 듣기 시간: 60~80초
말하기	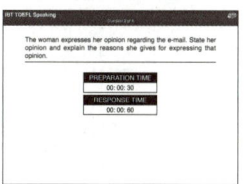	• 화면과 음성으로 질문 제시 • 준비 시간: 30초 • 말하기 시간: 60초

출제 예상 주제

- 읽기 지문: 교직원들이 해오던 대학교 투어 가이드를 학생들에게 맡기겠다는 공지문
  듣기 지문: 동의 이유 ① 교직원들은 입학 원서 제출 시기에 바쁨
  　　　　　　　　　② 교직원들은 실질적인 학교생활에 대해 잘 모름

- 읽기 지문: 학생들의 인턴십을 의무화해야 한다는 교내 신문 기사
  듣기 지문: 반대 이유 ① 강제로 하는 일이기 때문에 최선을 다하지 않을 것임
  　　　　　　　　　② 학생들은 인턴십보다 공부에 시간을 더 투자해야 함

질문의 핵심 포인트

Q2의 질문에서는 먼저 읽기 지문의 내용에 대해 듣기의 화자가 주장하는 의견을 말하고, 그 의견에 대한 이유를 설명할 것을 요구한다.

질문의 예

The man expresses his opinion regarding **the announcement made by the university**.
　듣기의 화자　　　　　　　　　　　　　　　　　　　　　읽기 지문의 내용

State his opinion and explain the reasons he gives for expressing that opinion.
　　　화자의 의견　　　　　　　　　　　화자의 의견을 뒷받침하는 이유

남자는 대학의 공지에 대한 의견을 표명합니다. 남자의 의견을 말하고 그러한 의견을 표명하는 이유를 설명하세요.

Step별 문제풀이 전략

Step 1 읽고 들은 내용 노트테이킹하기
먼저 읽기 지문의 주제와 세부 사항을 노트테이킹한 후, 읽기 지문의 내용에 대해 듣기의 화자가 주장하는 의견과 그 이유를 부연 설명과 함께 노트테이킹한다.

Step 2 노트 바탕으로 말하기
노트테이킹한 내용을 바탕으로 질문에서 요구하는 포인트를 말한다. 먼저 읽기 지문의 주제를 밝히고 그에 대한 화자의 의견 및 이유를 말한다.

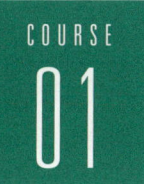

Hackers TOEFL Speaking Intermediate

중요 표현 익히기

▲ 무료 음원
바로 듣기

Q2 읽고 듣고 말하기 (1) 대학 생활 문제의 답변을 말할 때 유용하게 사용할 수 있는 중요 표현들을 예문과 함께 익혀보자. 정확한 발음으로 녹음된 음성 자료를 따라 예문을 반복해서 읽으며 외워두면 좋다.

유형별 표현 Q2_1

1. 주제를 말할 때 쓸 수 있는 표현

1 읽기 지문에 따르면
According to the reading

읽기 지문에 따르면, 한 교수는 강당이 보수될 필요가 있다고 생각한다.
According to the reading, a professor thinks that the auditorium needs to be renovated.

읽기 지문에 따르면, 대학교는 재학생들이 대학원 수업을 듣도록 허락하려고 한다.
According to the reading, the university is going to allow undergraduate students to take some graduate classes.

2. 화자의 의견을 말할 때 쓸 수 있는 표현

2 두 가지 이유 때문에 그것이 좋은 의견이라고 생각한다 [생각하지 않는다]
주어 **think [do not think] it is a good idea for two reasons**

남자는 두 가지 이유 때문에 그것이 좋은 의견이라고 생각하지 않는다.
The man **does not think it is a good idea for two reasons**.

3 주어는 그것이 좋은 의견이라고 생각하지만 한 가지 우려가 있다
주어 **think it is a good idea but have one concern**

여자는 그것이 좋은 의견이라고 생각하지만 한 가지 우려가 있다.
The woman **thinks it is a good idea but has one concern**.

4 주어는 그것에 대해 복잡한 감정을 가지고 있다
주어 **have mixed feelings about it**

남자는 그것에 대해 복잡한 감정을 가지고 있다.
The man **has mixed feelings about it**.

3. 이유를 말할 때 쓸 수 있는 표현

5 첫째로, ~라고 말한다
First, 주어 **say that** ~

첫째로, 그는 그것이 학생들에게 매우 유용할 것이라고 말한다.
First, he **says that** it will be very useful for the students.

6 둘째로, ~라고 말한다
Second, 주어 **mention that** ~

둘째로, 그녀는 대학교가 더 많은 교수를 고용해야 한다고 말한다.
Second, she **mentions that** the university should hire more professors.

7 한편으로는, ~라고 말한다
On the one hand, 주어 **say that** ~

한편으로는, 그는 그것이 학교가 지역 사회에 기여하는 것을 도와줄 것이라고 말한다.
On the one hand, he **says that** it will help the school to contribute to the community.
* ~에 기여하다 contribute to

8 반면에, ~라고 말한다
On the other hand, 주어 **mention that** ~

반면에, 그는 비학생을 위한 대출 기간이 현실적이지 않다고 말한다.
On the other hand, he **mentions that** the lending period for non-students is not practical.
* 대출 기간 lending period

4. 이유를 부연 설명할 때 쓸 수 있는 표현

9 이는 ~이기 때문이다
This is because ~

이는 교내 극장이 확장될 필요가 있기 때문이다.
This is because the theater needs to be enlarged.
* 확장하다 enlarge

이는 그가 그들이 공부하느라 바쁘다고 생각하기 때문이다.
This is because he thinks that they are busy studying.

10 ~라고 생각한다
주어 **think that** ~

그녀는 어차피 그곳에서 공부하는 것은 불가능하다고 생각한다.
She **thinks that** it is impossible to study there anyway.

Hackers Practice

앞에서 익힌 중요 표현을 활용하여 다음 문장을 영어로 말해보세요.

01 남자는 ~을 가지고 있다 / 그것에 대해 복잡한 감정

🎤 _____.

02 이는 ~이기 때문이다 / 그는 ~라고 생각한다 / 그들이 공부하느라 바쁘다

🎤 _____.

03 그녀는 ~라고 생각한다 / 불가능하다 / 그곳에서 공부하는 것은 / 어차피

🎤 _____.

04 이는 ~이기 때문이다 / 교내 극장이 / 확장될 필요가 있다

　* 확장하다 enlarge

🎤 _____.

05 읽기 지문에 따르면 / 한 교수는 ~라고 생각한다 / 강당이 보수될 필요가 있다

　* 강당 auditorium　* 보수하다 renovate

🎤 _____.

06 반면에, 그는 ~라고 말한다 / 비학생을 위한 대출 기간이 / 현실적이지 않다

　* 대출 기간 lending period

🎤 _____.

07 둘째로, 그녀는 ~라고 말한다 / 대학교가 고용해야 한다 / 더 많은 교수를

🎤 _____.

08 읽기 지문에 따르면 / 대학교는 허락하려고 한다 / 재학생들이 / 대학원 수업을 듣도록
   * 재학생 undergraduate student   * 대학원 수업 graduate class

🎤 _____.

09 여자는 ~라고 생각한다 / 그것이 좋은 의견이다 / 하지만 한 가지 우려가 있다

🎤 _____.

10 한편으로는, 그는 ~라고 말한다 / 그것이 학교를 도와줄 것이다 / 지역 사회에 기여하도록
   * ~에 기여하다 contribute to

🎤 _____.

11 남자는 ~라고 생각하지 않는다 / 그것이 좋은 의견이다 / 두 가지 이유 때문에

🎤 _____.

12 첫째로, 그는 ~라고 말한다 / 그것이 매우 유용할 것이다 / 학생들에게

🎤 _____.

모범 답안 p.157   Q2_2

노트테이킹하기

Hackers TOEFL Speaking Intermediate

▲ 무료 음원
바로 듣기

읽기 시간 45초 또는 50초 동안 학교의 공지문이나 교내 신문 기사 등 대학 생활과 관련된 지문을 읽으며 노트테이킹한다. 그 후 읽기 지문의 내용에 대한 두 화자의 대화를 들으며 노트테이킹한다. 질문에서 요구하는 포인트를 조리 있게 말할 수 있도록 다음의 구조에 맞추어 노트테이킹한다.

노트 구조

읽기 노트	듣기 노트

주제
- 세부 사항
	화자의 의견
	• 이유 1
	  - 부연 설명
	• 이유 2
	  - 부연 설명

▌읽은 내용 노트테이킹하는 순서

1 주제 적기
읽기 지문의 주제를 적는다. 보통 읽기 지문의 제목이 주제를 그대로 나타내거나 도입부에 주제가 제시된다.

2 세부 사항 적기
주제를 파악한 후, 계속해서 다음 부분을 읽으며 세부 사항을 적는다. 듣기 지문의 내용을 예측하며 듣는 데 도움이 되도록 주제가 가지는 장점 또는 앞으로 일어날 변화를 위주로 적으면 된다.

읽은 내용 노트테이킹의 예

읽기 지문

Fine for Littering on Campus ──■ 제목
  교내 부지에 쓰레기 버리는 데 벌금

The university has decided to charge a fine for littering on campus property. The decision was made because students have not been properly disposing of their garbage and cigarette butts. Starting June 1, students who litter will be charged a fine of $20. Hopefully, this new measure will encourage students to keep the campus clean. Collected fines will be used to make improvements to the university.

■ 주제
  쓰레기 버리는 데 벌금 부과

■ 세부 사항
  20달러 벌금

---

① 읽기 지문의 주제를 적는다.
② 주제와 관련된 세부 사항을 적는다.

읽기 노트

주제	charge fine for littering
	쓰레기 버리는 데 벌금 부과
세부 사항	– fine of $20 20달러 벌금

들은 내용 노트테이킹하는 순서

1 화자의 의견 적기

읽기 지문의 내용에 대해 대화하는 두 명의 화자 중 의견을 강하게 내세우는 중심 화자의 의견을 적는다. 보통 대화 도입부에서 중심 화자가 강한 의견을 제시하므로, 처음부터 집중하여 들으며 중심 화자가 누구인지, 읽기 지문의 내용에 대해 어떤 입장을 취하는지 파악하여 적는다. 중심 화자의 의견이 제시될 때 자주 쓰이는 다음의 표현들을 알아두자.

화자의 의견이 제시될 때 쓰이는 표현

- **I think** it's a good move by the university. 나는 학교가 잘한 일이라고 생각해.
- **I'm all for** the new downtown bus service. 나는 새로운 시내버스 편에 전적으로 동의해.
- **I don't like the idea**. 난 그 생각이 마음에 들지 않아.
- **I don't think** it's worth the money. 난 그게 그 돈 만큼의 가치가 있다고 생각하지 않아.
- That policy **is definitely not the way to go**. 저 정책은 절대로 좋은 방법이 아니야.

2 이유와 부연 설명 적기

중심 화자의 의견을 파악한 후, 그를 뒷받침하는 이유를 부연 설명과 함께 적는다. 보통 두 가지 이유가 제시되므로 1, 2로 번호를 매겨 이유를 적은 후, 각 이유 밑에 부연 설명을 적는다. 이유가 제시될 때 자주 쓰이는 다음의 표현들을 알아두자.

이유가 제시될 때 쓰이는 표현

- Well, **one thing is that** there'll be more computers available.
  글쎄, 한 가지는 이용할 수 있는 컴퓨터가 더 많을 거라는 거야.
- **There's something else** to consider. 생각해 봐야 할 것이 하나 더 있어.
- Well, **first**, students playing sports create a good impression.
  음, 먼저, 스포츠를 하는 학생들은 좋은 인상을 줘.
- **Also**, a lot of students bring their own laptops to school.
  또한, 많은 학생들은 학교에 자신의 노트북을 가져와.

들은 내용 노트테이킹의 예

듣기 지문

> W: Hey, Jack, what are you reading there?
> M: It's an announcement about a new littering policy that was just introduced. They're going to start charging a $20 fine . . .
> W: Oh yeah. I read that. I actually think it's a good move by the university because the campus really needs to be cleaned up. ── ■ 화자의 의견
>   벌금 부과에 찬성
> M: Come on. You can't be serious.
> W: I am! Well, first, charging a fine is a pretty effective way to get ── ■ 이유 1
> people to stop littering. Think about what has happened in the   효과적인 방법
> past. The university has run several no-litter campaigns, but ── ■ 부연 설명
> they haven't worked at all. They didn't stop people from   캠페인을 벌였지만 여전히
> littering, so there are still a lot of cigarette butts and trash   담배꽁초와 쓰레기가 많음
> everywhere.
> M: I guess I can't argue with you there. There are plenty of areas
> that could be cleaner.
> W: Also, the university will be able to collect money from the fines ── ■ 이유 2
> . . . which is needed to improve the campus. I mean, it's obvious   벌금으로 교내를 개선하기
> that some of the lecture rooms need repairs because they're in   위해 필요한 돈을 모을 수
> pretty bad shape, and we really need some new facilities. ── ■ 부연 설명
>   강의실 수리와 새로운 시설
>   필요

① 교내에 쓰레기 버리는 데 벌금에 대한 중심 화자의 의견을 적는다.
② 중심 화자의 의견에 대한 두 가지 이유를 부연 설명과 함께 적는다.

듣기 노트

화자의 의견	W: O 여: 찬성	
이유 1	1. effective way 효과적인 방법	
부연 설명	– campaign → still cigarette butts & trash	
	캠페인 벌였지만 여전히 담배꽁초와 쓰레기	
이유 2	2. $ needed to improve campus 교내를 개선하기 위해 돈이 필요함	
부연 설명	– lecture rooms repairs & new facilities	
	강의실 수리와 새로운 시설	

Hackers Practice

다음 질문에 답하기 위한 노트를 완성해 보세요.

01 　Q2_3

Reading Time: 45 seconds

> **Community Service Requirement**
>
> Beginning next year, all final-year students will be required to complete 30 hours of community service in order to graduate. Students may carry out their service hours at either the local community center or city hall. Both workplaces offer exciting work environments and learning opportunities for students. The university believes that students' lives will be enriched by using their time and talents to help others. To register for their community service hours, students should report to the Registrar's Office. The staff will provide information on locations and schedules.

Please listen carefully.

노트

읽기 노트

○	주제	_____
○	세부 사항	– _____

듣기 노트

○	화자의 의견	M: X
○	이유 1	1. stud. choose where
○	부연 설명	– prefer other
○	이유 2	2. _____
○	부연 설명	– _____

02 Q2_4

Reading Time: 45 seconds

New Library Computers

The university is planning to replace the library's computers with new ones. The library staff has received many complaints from students about the slow speed and outdated hardware of the current computers. Therefore, the university has decided to provide new ones. The current computers will be replaced within two weeks. Although it will be costly in the short term, university administrators believe it is a worthwhile investment in the future of the library. We hope the students are pleased with the university's decision.

Please listen carefully.

노트

읽기 노트

주제	replace lib. computers
세부 사항	– slow & outdated, within 2 weeks

듣기 노트

화자의 의견	
이유 1	1.
부연 설명	–
이유 2	2.
부연 설명	–

모범 답안 p.158

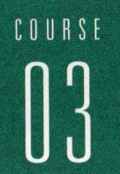

Hackers TOEFL Speaking Intermediate

COURSE 03 노트 바탕으로 말하기

▲ 무료 음원
바로 듣기

말하기 시간이 시작되면 읽기 지문과 듣기 지문을 노트테이킹한 내용을 바탕으로 60초 동안 주제, 화자의 의견, 이유의 순서로 말한다. 다음의 구조에 맞추어 항상 쓸 수 있는 표현을 순서대로 반복적으로 연습해 두면, 당황하지 않고 짜임새 있게 말할 수 있다.

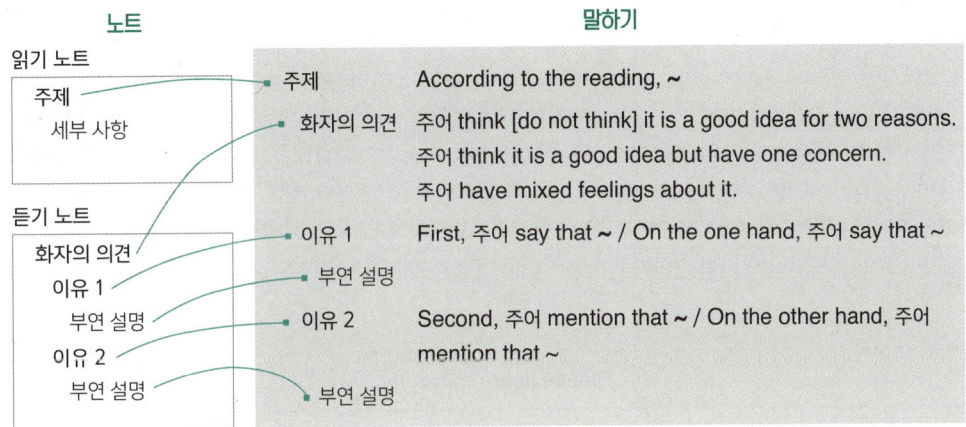

▶ 노트 바탕으로 말하는 순서

1 주제 말하기
다음의 주제 말하기 표현을 활용하여 노트테이킹한 읽기 지문의 주제를 말한다.

주제 말하기 표현

- According to the reading 읽기 지문에 따르면

주제 말하기의 예

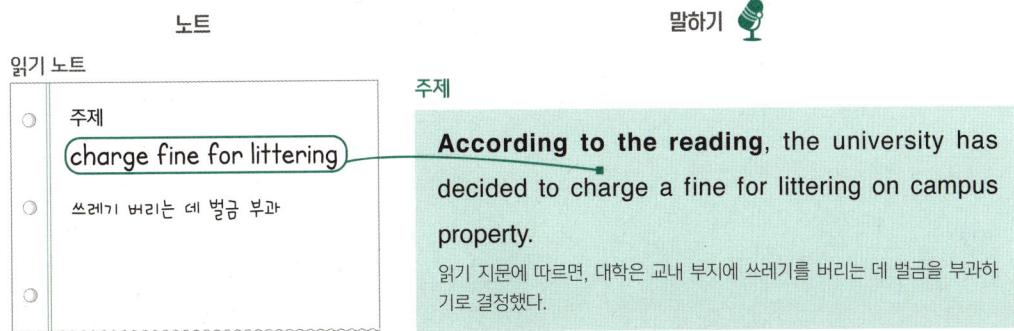

2 화자의 의견 말하기

다음의 화자의 의견 말하기 표현을 활용하여 노트테이킹한 읽기 지문의 주제에 대한 화자의 의견을 말한다.

화자의 의견 말하기 주요 표현

- 주어 think [do not think] it is a good idea for two reasons.
  주어는 두 가지 이유 때문에 그것이 좋은 의견이라고 생각한다 [생각하지 않는다].

화자의 의견 말하기의 예

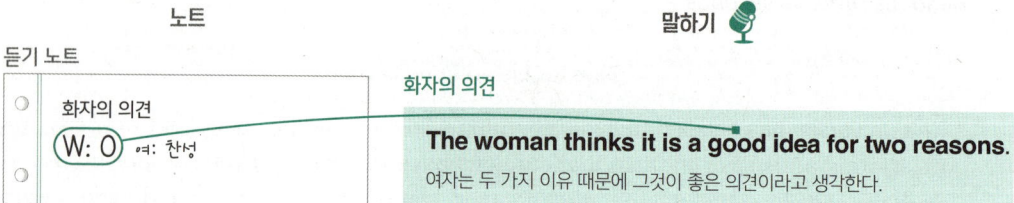

3 이유와 부연 설명 말하기

읽기 지문의 주제와 화자의 의견을 말한 후 이를 뒷받침하는 이유를 말한다. 다음의 이유 말하기 표현을 활용하여 노트테이킹한 이유를 말하고 이를 부연 설명한다.

이유 말하기 주요 표현

- First, 주어 say that ~ 첫째로, 주어는 ~라고 말한다
- Second, 주어 mention that ~ 둘째로, 주어는 ~라고 말한다

이유와 부연 설명 말하기의 예

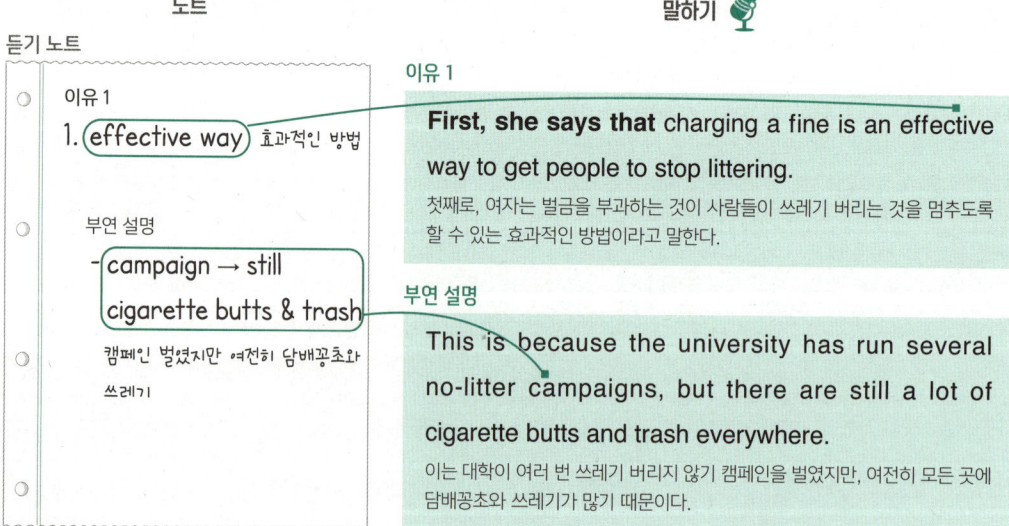

TIPS

이유와 함께 부연 설명을 말하고도 시간이 남았다면, 화자의 의견을 요약하는 한 문장을 덧붙여 마무리할 수 있다.

ex) For these reasons, she believes it is a great idea. 이러한 이유로, 그녀는 그것이 좋은 의견이라고 생각한다.

Hackers Practice

다음 질문에 답하기 위해 노트를 작성하고 답변을 완성하여 말해보세요.

01 Q2_5

Reading Time: 45 seconds

Fine for Littering on Campus

The university has decided to begin charging a fine for littering on campus property. This decision is a result of the fact that students have not been properly disposing of their garbage and cigarette butts. Starting on June 1, students who are caught littering will be charged a fine of $20. The university administration is optimistic that this new measure will encourage students to keep the campus clean. The money collected from these fines will be used to make improvements to facilities throughout the university.

Please listen carefully.

The woman expresses her opinion regarding the announcement made by the university. State her opinion and explain the reasons she gives for expressing that opinion.

노트

읽기 노트

- 주제
  - _____
- 세부 사항
  - _____

듣기 노트

- 화자의 의견
  - W: O
- 이유 1
  1. effective way
  - 부연 설명
    - _____
- 이유 2
  2. $ needed to improve campus
  - 부연 설명
    - _____

말하기

주제

① _____, the university has decided to ② _____
_____.

읽기 지문에 따르면, 대학은 교내 부지에 쓰레기를 버리는 데 벌금을 부과하기로 결정했다.

화자의 의견

③ _____.

여자는 두 가지 이유 때문에 그것이 좋은 의견이라고 생각한다.

이유 1 + 부연 설명

④ _____ charging a fine is an effective way to get people to stop littering.

첫째로, 여자는 벌금을 부과하는 것이 사람들이 쓰레기 버리는 것을 멈추도록 할 수 있는 효과적인 방법이라고 말한다.

This is because the university has run several no-litter campaigns, but ⑤ _____
_____.

이는 대학이 여러 번 쓰레기 버리지 않기 캠페인을 벌였지만, 여전히 모든 곳에 쓰레기와 담배꽁초가 많기 때문이다.

이유 2 + 부연 설명

⑥ _____ the money from the fines is needed to improve the campus.

둘째로, 그녀는 교내를 개선하기 위해 벌금으로부터 모인 돈이 필요하다고 말한다.

This is because ⑦ _____
_____.

이는 몇몇 강의실은 수리가 필요하고 학생들은 정말 새로운 시설을 가질 필요가 있기 때문이다.

Hackers Practice

02 Q2_7

Reading Time: 45 seconds

> To the student council,
>
> I think that the convenience store outside the library should stay open 24 hours per day during the final exam period. During this busy time, many students stay awake all night to study. Naturally, they get hungry and need refreshments to keep them going. Because the store closes at 9 p.m., students have to leave campus to buy refreshments. Unfortunately, the closest store off campus is a 15-minute walk away, and going there and back is a waste of valuable study time.
>
> Sincerely,
> Phillip Dumas

Please listen carefully.

The woman expresses her opinion regarding the student's letter. State her opinion and explain the reasons she gives for expressing that opinion.

Hackers TOEFL Speaking Intermediate

노트

읽기 노트

- 주제
  _____
- 세부 사항
  - _____

듣기 노트

- 화자의 의견
  W: X

- 이유 1
  1. X necessary

  부연 설명
  - open ~ 9 p.m.,
    plenty time

- 이유 2
  2. _____

  부연 설명
  - _____
    _____

말하기

주제

According to the reading, the student thinks that the convenience store should ① _____
_____.

읽기 지문에 따르면, 학생은 편의점이 기말고사 기간 동안 하루에 24시간 영업해야 한다고 생각한다.

화자의 의견

The woman does not think it is a good idea for two reasons.

여자는 두 가지 이유 때문에 그것이 좋은 의견이라고 생각하지 않는다.

이유 1 + 부연 설명

First, she says that it is ② _____.

첫째로, 그녀는 그것이 필요하지 않다고 말한다.

This is because ③ _____
_____, and students ④ _____
_____.

이는 가게가 오후 9시까지 영업을 하고, 학생들은 가게가 닫기 전에 간식과 음료를 살 시간이 많기 때문이다.

이유 2 + 부연 설명

Second, she mentions that having the store open all night ⑤ _____
_____.

둘째로, 그녀는 가게를 밤새도록 여는 건 공부하는 학생들을 산만하게 할 것이라고 말한다.

This is because people would continually pass ⑥ _____
_____, which could
⑦ _____.

이는 사람들이 가게에 가기 위해 계속해서 열람실을 들락날락할 것이고, 그것은 다른 이들이 학업에 집중하는 걸 방해할 수 있기 때문이다.

모범 답안 p.163　Q2_8

Q2 읽고 듣고 말하기 (1) 대학 생활　71

Hackers Practice

03 Q2_9

Reading Time: 45 seconds

New Downtown Bus Service

The university would like to announce that a new downtown bus service will begin operating next week. The route will start in front of the student center on campus and run through the downtown area. Stops will include local attractions such as city hall, Midway Park, and Skyline Shopping Mall. A one-way fare will cost $2, and students will be able to purchase tickets in the student center. Buses will run daily and depart campus every 15 minutes from 8 a.m. to 8 p.m.

Please listen carefully.

The man expresses his opinion regarding an announcement about the new downtown bus service. State his opinion and explain the reasons he gives for expressing that opinion.

Hackers TOEFL Speaking Intermediate

노트

읽기 노트

○ 주제
  _____

○ 세부 사항
  - _____

듣기 노트

○ 화자의 의견
  M: ○

○ 이유 1
  1. _____

○ 부연 설명
  - _____
    _____

○ 이유 2
  2. save $

○ 부연 설명
  - take taxis
    downtown →
    expensive, $7

말하기

주제

According to the reading, the university has announced that ① _____
_____
_____.

읽기 지문에 따르면, 대학은 다음 주에 새로운 시내버스 편이 운행을 시작할 것을 공지하였다.

화자의 의견

The man thinks it is a good idea for two reasons.

남자는 두 가지 이유 때문에 그것이 좋은 의견이라고 생각한다.

이유 1 + 부연 설명

First, he says that ② _____
_____.

첫째로, 그는 그것이 학생들에게 매우 유용할 것이라고 말한다.

This is because there is a city bus service downtown, but ③ _____.

이는 시내에 도시 버스 편이 있지만, 버스들이 교내에 아주 자주 서지는 않기 때문이다.

이유 2 + 부연 설명

Second, he mentions that ④ _____
_____.

둘째로, 그는 학생들이 많은 돈을 절약할 수 있을 것이라고 말한다.

This is because many people ⑤ _____
_____, **but** ⑥ _____ **at seven dollars a trip.**

이는 많은 사람들이 시내에 갈 필요가 있을 때 택시를 타지만, 한 번 타는 데 7달러로 매우 비싸기 때문이다.

모범 답안 p.165   Q2_10

Hackers Practice

04 Q2_11

Reading Time: 50 seconds

> Dear Editor,
> I think that this year's graduation performance for music majors should be held outdoors on the campus' main lawn. One reason is that it will be easier for visitors to find the location of the venue. The event hall is in a remote part of campus, so it might be hard for visitors to find. Another benefit is that people can be more comfortable being out in nature. The graduation hall is an old facility, and the air gets really stuffy. In contrast, the main lawn has fresh air and is much more pleasant.
> Sincerely,
> Travis Braun

Please listen carefully.

The man expresses his opinion regarding the letter. State his opinion and explain the reasons he gives for expressing that opinion.

Hackers TOEFL Speaking Intermediate

노트 ✏️

읽기 노트

- 주제
  - _____
- 세부 사항
  - _____

듣기 노트

- 화자의 의견
  M: X

- 이유 1
  1. _____
  - 부연 설명
    - _____
      _____

- 이유 2
  2. _____
  - 부연 설명
    - _____
      _____

말하기 🎤

주제

According to the reading, ① _____
_____
_____.

읽기 지문에 따르면, 음악 전공자들의 졸업 공연은 야외에서 개최되어야 한다.

화자의 의견

The man does not think it is a good idea for two reasons.

남자는 두 가지 이유 때문에 그것이 좋은 의견이라고 생각하지 않는다.

이유 1 + 부연 설명

First, he says that ② _____
_____.

첫째로, 그는 방문객들이 강당을 찾는 데 문제가 없을 것이라고 말한다.

This is because there are campus maps and ③ _____
_____.

이는 대학 지도가 있고 사람들에게 위치를 알려줄 수 있는 주차 요원들이 있기 때문이다.

이유 2 + 부연 설명

Second, he mentions that ④ _____
_____.

둘째로, 그는 야외가 더 편안하다는 것은 사실이 아니라고 말한다.

This is because ⑤ _____
_____.

⑥ _____.

이는 만약 날씨가 춥거나 바람 불고 비가 온다면 끔찍할 것이기 때문이다. 하지만, 졸업식 강당은 따뜻하고 건조하다.

모범 답안 p.167 🎧 Q2_12

Q2 읽고 듣고 말하기 (1) 대학 생활

Hackers Test

다음 질문에 답하기 위해 노트를 작성하고 답안을 완성하여 말해보세요.

01 Q2_13

Reading Time: 50 seconds

> **Mandatory Public Speaking Course**
>
> The Political Science Department has recently made a decision to establish a mandatory public speaking course. All political science students will be required to take this course starting next year. This decision was made because many students struggle with public speaking. These days, being a good public speaker is considered an essential life skill. It is important for success in a variety of careers. Therefore, the aim of the course is to improve students' confidence when speaking in front of an audience. After fulfilling the requirements of the course, students will earn three credits toward their degree.

Now get ready to answer the question.

The man expresses his opinion regarding a mandatory public speaking course. State his opinion and explain the reasons he gives for expressing that opinion.

PREPARATION TIME
00: 00: 30

RESPONSE TIME
00: 00: 60

Hackers TOEFL Speaking Intermediate

노트 ✏️

읽기 노트
- 주제
  _____
- 세부 사항
  - _____

듣기 노트
- 화자의 의견
  M: X
- 이유 1
  1. _____
  - 부연 설명
    - _____
      _____
- 이유 2
  2. _____
  - 부연 설명
    - _____
      _____

말하기 🎤

주제

According to the reading, ① _____
_____
_____
_____.

화자의 의견

The man does not think it is a good idea for two reasons.

이유 1 + 부연 설명

First, he says that ② _____
_____.

This is because ③ _____
_____.

이유 2 + 부연 설명

Second, he mentions that ④ _____
_____.

This is because ⑤ _____
_____, ⑥ _____
_____.

For these reasons, he believes it is not a great idea.

모범 답안 p.169 🎧 Q2_14

Q2 읽고 듣고 말하기 (1) 대학 생활

Hackers Test

02 🎧 Q2_15

Reading Time: 50 seconds

> Dear Editor,
>
> I think that the auditorium really needs to be renovated. I have been teaching at the university for 20 years. Over that time, our student population has grown. As a result, the current auditorium is too small and cannot accommodate events that involve more than 200 students. Furthermore, the auditorium needs to be upgraded with more high-tech equipment. The current system is not advanced enough to include online content during events. I think that these renovations should be completed as soon as possible. Then we will be able to hold events that attract a lot more people.
>
> Dr. Martha Jarvis

Now get ready to answer the question.

The woman expresses her opinion regarding a professor's letter about renovations to the auditorium. State her opinion and explain the reasons she gives for expressing that opinion.

PREPARATION TIME
00: 00: 30

RESPONSE TIME
00: 00: 60

Hackers TOEFL Speaking Intermediate

노트 ✏️

읽기 노트

- 주제
  - _____
- 세부 사항
  - _____

듣기 노트

- 화자의 의견
  - _____
- 이유 1
  1. _____
  - 부연 설명
    - _____
      _____
- 이유 2
  2. _____
  - 부연 설명
    - _____
      _____

말하기 🎤

주제

According to the reading, ① _____
_____
_____
_____.

화자의 의견

The woman does not think it is a good idea for two reasons.

이유 1 + 부연 설명

First, she says that ② _____
_____.

③ _____
_____.

To be specific, ④ _____
_____.

이유 2 + 부연 설명

Second, she mentions that ⑤ _____
_____.

⑥ _____
_____.

It is almost impossible to watch a show ⑦ _____
_____.

For these reasons, she believes it is not a great idea.

모범 답안 p.171   🎧 Q2_16

무료 토플자료 · 유학정보 제공   goHackers.com

Hackers TOEFL Speaking Intermediate

Q3 읽고 듣고 말하기 (2) 대학 강의

COURSE 1 중요 표현 익히기
COURSE 2 노트테이킹하기
COURSE 3 노트 바탕으로 말하기

INTRODUCTION

Overview

Q3 읽고 듣고 말하기 (2) 대학 강의 문제는 Q2와 마찬가지로 읽고 들은 내용을 바탕으로 제시된 질문에 답하는 유형이다. 학술적인 주제에 대한 지문의 일부를 읽고 그 지문의 주제와 관련된 교수의 강의를 듣게 된다. 그 후 읽기 지문의 주제를 강의에서 어떻게 설명하는지 묻는 질문이 나온다.

시험 진행 방식

| Direction | 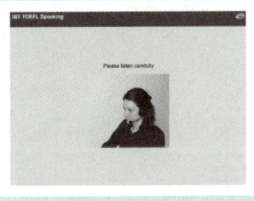 | · Q3 읽고 듣고 말하기 (2) 대학 강의 문제에 대한 설명 |

⬇

| 읽기 | 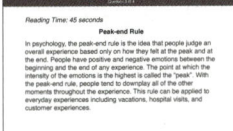 | · 읽기 관련 음성 Direction
· 읽기 지문 제시 (75~100 단어)
· 읽기 시간: 45초 또는 50초 |

⬇

| 듣기 |  | · 듣기 관련 음성 Direction
· 듣는 동안 화면에 사진 제시
· 듣기 시간: 60~80초 |

⬇

| 말하기 | 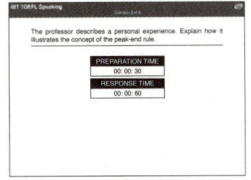 | · 화면과 음성으로 질문 제시
· 준비 시간: 30초
· 말하기 시간: 60초 |

■ 출제 예상 주제

- 읽기 지문: 동물의 에너지 소모 최소화에 대한 주제
  듣기 지문: ① 새가 조개를 또 잡을 필요 없도록 가장 큰 조개 잡음
  　　　　　② 새가 조개가 한 번에 깨지도록 적당한 높이에서 떨어뜨림
- 읽기 지문: 제한당한 자유를 회복하고자 하는 심리에 대한 주제
  듣기 지문: ① 아이를 놀지 못하게 하면 더 놀고 싶어 함
  　　　　　② 샴푸가 환경에 해를 끼치므로 못 사게 해도 계속 구입

■ 질문의 핵심 포인트

Q3의 질문에서는 강의에 나오는 예시가 읽기 지문의 주제를 어떻게 나타내는지 설명할 것을 요구한다.

질문의 예

The professor provides two (examples). Explain how they illustrate the concept of (commensalism).
　　　　　　　　　　　　　　　강의의 예시　　　　　　　　　　　　　　　　　　　읽기 지문의 주제

교수는 두 가지 예를 제시합니다. 두 가지 예가 어떻게 편리공생의 개념을 나타내는지 설명하세요.

■ Step별 문제풀이 전략

Step 1　**읽고 들은 내용 노트테이킹하기**
먼저 읽기 지문의 주제와 세부 사항을 노트테이킹한 후, 읽기 지문의 내용에 대해 강의의 교수가 제시하는 예시를 부연 설명과 함께 노트테이킹한다.

Step 2　**노트 바탕으로 말하기**
노트테이킹한 내용을 바탕으로 질문에서 요구하는 포인트를 말한다. 먼저 주제를 밝히고 이를 뒷받침하는 예시를 말한다.

COURSE 01 중요 표현 익히기

Hackers TOEFL Speaking Intermediate

▲ 무료 음원 바로 듣기

Q3 읽고 듣고 말하기 (2) 대학 강의 문제의 답변을 말할 때 유용하게 사용할 수 있는 중요 표현들을 예문과 함께 익혀보자. 정확한 발음으로 녹음된 음성 자료를 따라 예문을 반복해서 읽으며 외워두면 좋다.

유형별 표현 🎧 Q3_1

1. 주제를 말할 때 쓸 수 있는 표현

1 읽기 지문에 따르면
According to the reading

읽기 지문에 따르면, 자연발생은 무생물로부터 생물이 발생하는 것이다.
According to the reading, spontaneous generation is the generation of living matter from nonliving matter.
＊자연발생 spontaneous generation ＊무생물 nonliving matter ＊생물 living matter

읽기 지문에 따르면, 구매자의 후회는 비싼 것을 구매한 것에 대한 후회나 의심의 감정이다.
According to the reading, buyer's remorse is a feeling of regret or doubt about a large purchase.
＊구매자의 후회 buyer's remorse ＊구매 purchase ＊후회 regret ＊의심 doubt

2 교수는 한 가지 예 [두 가지 예/개인적인 경험]를 들어 ~을 설명한다
The professor uses an example [two examples/a personal experience] to explain ~

교수는 한 가지 예를 들어 의태를 설명한다.
The professor uses an example to explain mimicry.
＊의태 mimicry

교수는 개인적인 경험을 들어 조건 형성을 설명한다.
The professor uses a personal experience to explain shaping.
＊조건 형성 shaping

2. 예시를 말할 때 쓸 수 있는 표현

3 첫째로, ~(함)을 설명한다
First, 주어 describe (how) ~

첫째로, 그녀는 난초가 서식지를 통해 편리공생으로부터 득을 볼 수 있음을 설명한다.
First, she **describes how** orchids can benefit from commensalism through shelter.
* 서식지 shelter   * ~으로부터 득을 보다 benefit from

첫째로, 그는 그의 학생이 충분한 사람들을 표본 추출하지 않았음을 설명한다.
First, he **describes how** his student did not sample enough people.
* 표본 추출하다 sample

4 그다음 [둘째로], ~(함)을 설명한다
Then [Second], 주어 **describe (how)** ~

그다음, 그는 그 개인 트레이너의 친구들이 그가 영화를 보러 갈 수 있느냐고 물어봄을 설명한다.
Then, he **describes how** the personal trainer's friends ask if he can make it to a movie.

둘째로, 그녀는 Pasteur의 실험을 설명한다.
Second, she **describes** the experiment of Pasteur.

3. 예시를 부연 설명할 때 쓸 수 있는 표현

5 이는 ~이기 때문이다
This is because ~

이는 그들이 참여할 시간이 충분했던 학생들과 다르게 답할 것이기 때문이다.
This is because they would answer differently from students who had enough time to take part.
* 참여하다 take part

6 ~라고 말한다
주어 **say [mention] that ~**

그는 그녀가 오로지 도서관에 있는 학생들에게만 부탁했다고 말한다.
He **says that** she only asked students at the library.

그는 점원이 전화했다고 말한다.
He **mentions that** the salesman called him.

7 ~을 증명한다
주어 **prove that ~**

이는 미생물이 수프로부터 생겨나지 않았다는 것을 증명했다.
This **proved that** the microorganisms didn't come from the soup.
* 미생물 microorganism

Hackers Practice

앞에서 익힌 중요 표현을 활용하여 다음 문장을 영어로 말해보세요.

01 교수는 한 가지 예를 든다 / 의태를 설명하기 위해
   * 의태 mimicry

   _____.

02 첫째로, 그는 ~을 설명한다 / 그의 학생이 표본 추출하지 않았음 / 충분한 사람들을
   * 표본 추출하다 sample

   _____.

03 둘째로, 그녀는 ~을 설명한다 / Pasteur의 실험

   _____.

04 그는 ~라고 말한다 / 점원이 전화했다
   * 점원 salesman

   _____.

05 교수는 개인적인 경험을 든다 / 조건 형성을 설명하기 위해
   * 조건 형성 shaping

   _____.

06 첫째로, 그녀는 ~을 설명한다 / 난초가 편리공생으로부터 득을 볼 수 있음 / 서식지를 통해
   * 서식지 shelter   * ~으로부터 득을 보다 benefit from

   _____.

07 그다음, 그는 ~을 설명한다 / 그가 영화를 보러 갈 수 있느냐고 / 그 개인 트레이너의 친구들이 물어봄

🎤 _____.

08 이는 ~을 증명했다 / 미생물이 수프로부터 생겨나지 않았다는 것

* 미생물 microorganism

🎤 _____.

09 그는 ~라고 말한다 / 그녀가 오로지 학생들에게만 부탁했다 / 도서관에 있는

🎤 _____.

10 읽기 지문에 따르면 / 자연발생은 / 생물이 발생하는 것이다 / 무생물로부터

* 자연발생 spontaneous generation   * 생물 living matter   * 무생물 nonliving matter

🎤 _____.

11 이는 ~이기 때문이다 / 그들이 학생들과 다르게 답할 것이다 / 시간이 충분했던 / 참여할

* 참여하다 take part

🎤 _____.

12 읽기 지문에 따르면 / 구매자의 후회는 / 후회나 의심의 감정이다 / 비싼 것을 구매한 것에 대한

* 후회 regret   * 의심 doubt   * 구매 purchase

🎤 _____.

모범 답안 p.174 🎧 **Q3_2**

Hackers TOEFL Speaking Intermediate

COURSE 02 노트테이킹하기

▲ 무료 음원
바로 듣기

읽기 시간 45초 또는 50초 동안 학술적인 주제에 대한 지문을 읽으며 노트테이킹한다. 그 후 읽기 지문의 내용에 대한 교수의 강의를 들으며 노트테이킹한다. 질문에서 요구하는 포인트를 조리 있게 말할 수 있도록 다음의 구조에 맞추어 노트테이킹한다.

노트 구조

읽기 노트	듣기 노트
주제 　- 세부 사항	· 예시 1 　- 부연 설명 · 예시 2 　- 부연 설명

▌읽은 내용 노트테이킹하는 순서

1 주제 적기
읽기 지문의 주제를 적는다. 보통 읽기 지문의 제목이 주제를 그대로 나타내거나 도입부에 주제가 제시된다.

2 세부 사항 적기
주제를 파악한 후, 계속해서 다음 부분을 읽으며 세부 사항을 적는다. 듣기 지문의 내용을 예측하며 듣는 데 도움이 되도록 주제의 개념을 이해하는 데 핵심이 되는 키워드를 위주로 적으면 된다.

읽은 내용 노트테이킹의 예

읽기 지문

> **Commensalism** ── 제목, 주제
> 편리공생
>
> In nature, some organisms develop a close association with another species and benefit from the relationship. Some of these symbiotic relationships are mutually beneficial, and others are just beneficial to one of the two species. A particular example of the latter is commensalism, a relationship in which one living thing gains some sort of advantage while the other remains unaffected. A common form of commensalism is when a small organism attaches itself to a larger one to increase its chance of survival. Another is when one creature takes advantage of the presence of another for the purpose of finding food.

── 세부 사항
한 생명체는 이득을 얻고, 다른 생명체는 영향받지 않는 공생 관계

① 읽기 지문의 주제를 적는다.
② 주제와 관련된 세부 사항을 적는다.

읽기 노트

주제	commensalism 편리공생
세부 사항	- 1 gain advantage, other unaffected 한 생명체는 이득을 얻고, 다른 생명체는 영향받지 않음

들은 내용 노트테이킹하는 순서

1 예시와 부연 설명 적기

읽기 지문의 주제와 관련하여 교수가 제시하는 예시를 부연 설명과 함께 적는다. 교수는 읽기 지문의 주제를 구체적으로 설명하기 위해 보통 한 두 가지 예시 또는 개인적 경험을 들어 설명한다. 보통 강의 도입부에서 주제와 관련하여 어떤 식으로 설명할 것인지 말한 후 하나씩 예를 들어 설명하므로, 처음부터 집중하여 들으며 어떤 예시가 제시되는지, 읽기 지문의 내용과 관련하여 어떻게 설명하는지 파악하여 적는다. 예시가 제시될 때 자주 쓰이는 다음의 표현들을 알아두자.

예시가 제시될 때 쓰이는 표현

- **As an example**, there's this growing chain of café.
  예를 들어, 성장 중인 카페 체인이 있어요.
- Well, **let me tell you about** my own experience with it.
  음, 그것에 관한 제 경험에 대해 이야기하겠습니다.
- Now, **let's look at** how commensalism can help organisms find food.
  자, 편리공생이 어떻게 생물들이 먹이를 찾는 것을 도와줄 수 있는지를 살펴봅시다.

들은 내용 노트테이킹의 예

듣기 지문

Good afternoon, class. Today, I'd like to discuss **commensalism** . . . which is a relationship where one organism benefits, while the other is neither helped nor hurt.
One way an organism can benefit from **commensalism is through shelter. Take orchids,** for instance. Unlike most plants, certain **orchids, um, grow on tree branches** and live their entire lives up in the air. In the tropical forests where these orchids live, the forest floor doesn't get much sunlight. It's also less exposed to the wind. But, since the orchids are high off the ground, they receive more of both . . . Now, **the sunlight is used for growth, and the wind, uh, helps the orchids spread their seeds. Please keep in mind that orchids get all these benefits without causing any harm to the trees.**
Now, let's look at how **commensalism can help organisms find food. Birds,** for example, are sometimes able to benefit from these relationships. Most of you are probably familiar with army ants and how they hunt . . . The entire colony moves across the land, devouring thousands of insects. What's interesting is that when this happens, certain **birds follow the army ants**. The ants rush by, and many insects . . . like beetles . . . try to escape. That's when the birds fly down and catch them. So, **although the birds eat the insects, the ants really aren't affected**. The insects are sort of like their leftovers, so the ants don't starve at all. So there you have it—commensalism at work.

- 주제
  편리공생

- 예시 1
  난초는 서식지를 통해 득을 봄

- 부연 설명
  나뭇가지에 자라서 햇빛과 바람을 받으며 나무에 해를 끼치지 않음

- 예시 2
  새는 먹이를 찾음

- 부연 설명
  군대개미를 따라가며 곤충을 먹으므로 개미는 영향받지 않음

① 편리공생에 대한 교수의 두 가지 예시를 부연 설명과 함께 적는다.

듣기 노트

예시 1	1. shelter: orchids 난초는 서식지를 통해
부연 설명	– grow on tree branch → sunlight & wind, w/o harm 나뭇가지에 자라서 햇빛과 바람을 받으며 나무에 해를 끼치지 않음
예시 2	2. food: birds 새는 먹이를 찾음
부연 설명	– follow army ants & eat insects → ants X affected 군대개미를 따라가며 곤충을 먹으므로 개미는 영향받지 않음

Hackers Practice

다음 질문에 답하기 위한 노트를 완성해 보세요.

01 Q3_3

Reading Time: 45 seconds

> **Reward Theory of Attraction**
>
> The reward theory of attraction states that people like relationships that offer rewards. What this theory primarily suggests is that a person will feel attracted to another person who reminds him or her of positive experiences. In other words, a pleasant event can create attraction. There are many factors that affect the development of attraction, including atmosphere, comfort, and physical appearance. These factors offer rewards in the forms of praise, cooperation, support, and love between people. These rewards then allow attraction to develop.

Please listen carefully.

노트

읽기 노트

주제	_____
세부 사항	— _____

듣기 노트

예시 1	1. ask std. conver. w/ stranger
부연 설명	— in hot & uncomfor. room ↔ in pleasant & comfort. room
예시 2	2. _____
부연 설명	— _____

02 Q3_4

Reading Time: 45 seconds

Social Modeling

Our behavior can be influenced by the actions of people around us, and this is particularly noticeable among children. These people who influence our behavior are often those we respect or admire in real life or those we see in the media. According to the social modeling theory, we learn to act by using these people as "models." By observing a model's behavior, we not only imitate their behavior but also selectively learn which behaviors to adopt based on the results we observe. We are more likely to imitate actions that have positive consequences and avoid those that have negative ones.

Please listen carefully.

노트

읽기 노트

| 주제 | _____ |
| 세부 사항 | – _____ |

듣기 노트

예시 1	1. exp.: children observe adult w/ doll
부연 설명	– _____
예시 2	2. conseq. of observed behav.
부연 설명	– _____

모범 답안 p.175

Hackers TOEFL Speaking Intermediate

노트 바탕으로 말하기

▲ 무료 음원
바로 듣기

말하기 시간이 시작되면 읽기 지문과 듣기 지문을 노트테이킹한 내용을 바탕으로 60초 동안 주제, 예시의 순서로 말한다. 다음의 구조에 맞추어 항상 쓸 수 있는 표현을 순서대로 반복적으로 연습해 두면, 당황하지 않고 짜임새 있게 말할 수 있다.

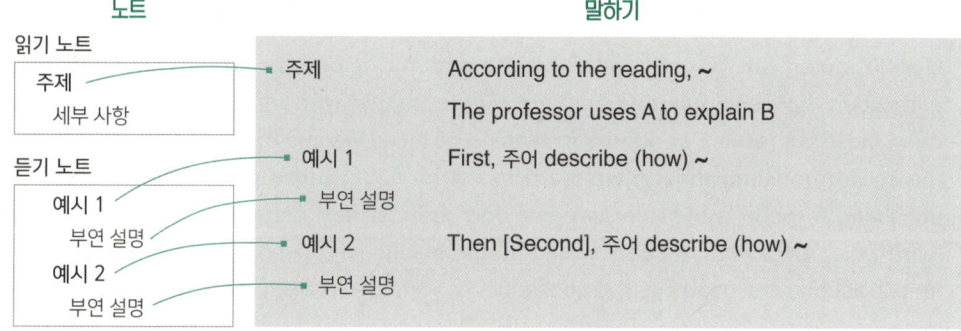

▌ 노트 바탕으로 말하는 순서

1 주제 말하기

다음의 주제 말하기 표현과 질문의 표현을 활용하여 노트테이킹한 주제를 말한다.

주제 말하기 표현

- According to the reading ~ 읽기 지문에 따르면
- The professor uses A(질문의 표현) to explain B(주제)
  교수는 A(질문의 표현)를 들어 B(주제)를 설명한다

주제 말하기의 예

Q The professor provides two examples. Explain how they illustrate the concept of commensalism.

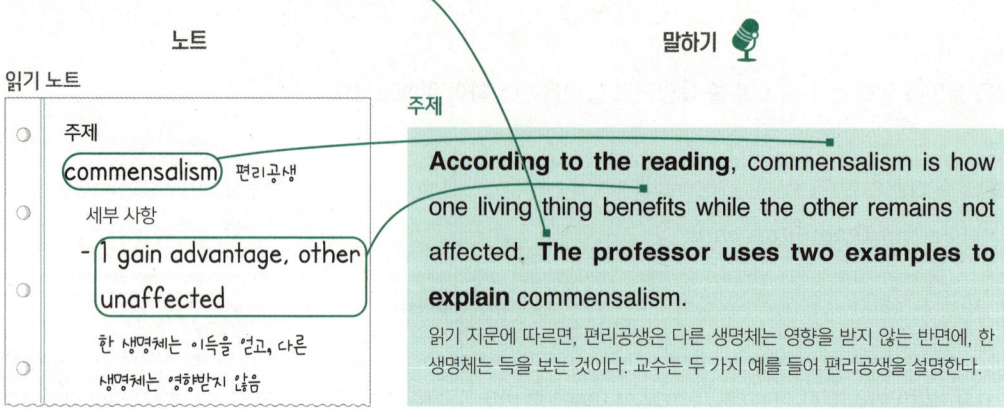

2 예시와 부연 설명 말하기

주제를 말한 후 이를 뒷받침하는 예시를 말한다. 다음의 예시 말하기 표현을 활용하여 노트테이킹한 예시를 말하고 이를 부연 설명한다.

예시 말하기 표현

- First, 주어 describe (how) ~ 첫째로, 주어는 ~(함)을 설명한다
- Then [Second], 주어 describe (how) ~ 그다음 [둘째로], 주어는 ~(함)을 설명한다

예시와 부연 설명 말하기의 예

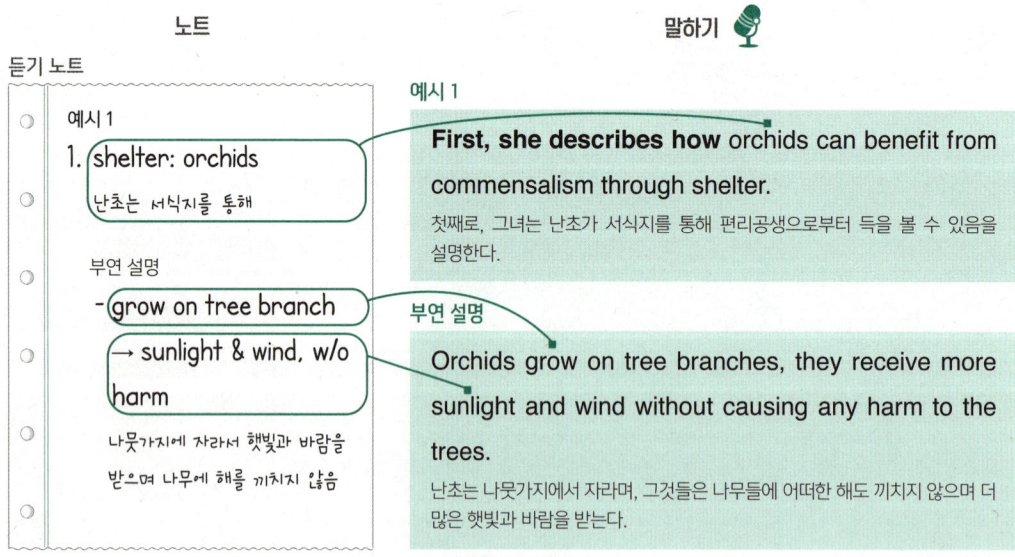

TIPS

주제에 대한 예시 및 부연 설명을 말한 후 시간이 남는다면 마무리 문장을 덧붙여 전체 내용을 정리하는 것도 좋다.

ex) This example demonstrates the concept of commensalism. 이러한 예는 편리공생의 개념을 보여준다.

Hackers Practice

다음 질문에 답하기 위해 노트를 작성하고 답변을 완성하여 말해보세요.

01 Q3_5

Reading Time: 50 seconds

Commensalism

In nature, some organisms develop a close association with another species and benefit from the relationship. Some of these symbiotic relationships are mutually beneficial, and others are just beneficial to one of the two species. A particular example of the latter is commensalism, a relationship in which one living thing gains some sort of advantage while the other remains unaffected. A common form of commensalism is when a small organism attaches itself to a larger one to increase its chance of survival. Another is when one creature takes advantage of the presence of another for the purpose of finding food.

Please listen carefully.

The professor provides two examples. Explain how they illustrate the concept of commensalism.

Hackers TOEFL Speaking Intermediate

노트

읽기 노트

○ 주제
○ _____
○ 세부 사항
○ - _____
○ _____

듣기 노트

○ 예시 1
○ 1. shelter: orchids
○ 부연 설명
○ - _____
○ _____
○
○ 예시 2
○ 2. food: birds
○ 부연 설명
○ - _____
○ _____
○

말하기

주제

According to the reading, ① _____
_____. **The professor uses** ② _____
to explain ③ _____.

읽기 지문에 따르면, 편리공생은 다른 생명체는 영향을 받지 않는 반면에, 한 생명체는 득을 보는 것이다. 교수는 두 가지 예를 들어 편리공생을 설명한다.

예시 1 + 부연 설명

First, she describes how orchids can ④ _____
_____.

첫째로, 그녀는 난초가 서식지를 통해 편리공생으로부터 득을 볼 수 있음을 설명한다.

Orchids grow on tree branches, and ⑤ _____
_____.

난초는 나뭇가지에서 자라며, 그것들은 나무들에 어떠한 해도 끼치지 않으며 더 많은 햇빛과 바람을 받는다.

예시 2 + 부연 설명

Second, she describes how ⑥ _____
_____.

둘째로, 그녀는 편리공생이 몇몇 새들이 먹이를 찾는 것을 도와줌을 설명한다.

When army ants move, certain birds follow. Many insects try to escape, and then the birds catch them. ⑦ _____.

군대개미들이 이동할 때, 특정한 새들이 따라간다. 많은 곤충들은 도망치려고 하고, 그때 새들이 그들을 잡는다. 비록 새들은 그 곤충들을 먹지만, 개미들은 영향받지 않는다.

모범 답안 p.178 **Q3_6**

Hackers Practice

02 Q3_7

Reading Time: 45 seconds

Student-Centered Learning

Student-centered learning is an approach to education. It focuses primarily on the needs of students. Traditional approaches to education are largely driven by teachers and school administrators. However, student-centered learning recognizes the particular needs of individuals due to their distinct learning styles, interests, and abilities. Therefore, in student-centered learning environments, the role of teachers in the classroom is to guide and assist rather than to direct and enforce. They are there to support students' independent learning.

Please listen carefully.

The professor describes a personal experience. Explain how it illustrates the concept of student-centered learning.

노트

읽기 노트

- 주제
  - _____
- 세부 사항
  - _____
  - _____

듣기 노트

- 예시 1
  1. assign. based on classic.
- 부연 설명
  - son X interested
    → try stud.-centered appro.
- 예시 2
  2. _____
- 부연 설명
  - _____
    _____

말하기

주제

According to the reading, ① _____
_____.

The professor uses ② _____
to explain ③ _____.

읽기 지문에 따르면, 학생 중심 수업은 학생들의 욕구에 초점을 맞춘다. 교수는 개인적인 경험을 들어 학생 중심 수업을 설명한다.

예시 1 + 부연 설명

First, she describes ④ _____
based on classical paintings.

첫째로, 그녀는 아들의 미술 과제가 고전주의의 그림을 기초로 한 미술 작품을 만드는 것이었음을 설명한다.

He ⑤ _____
_____. Therefore, the teacher decided to try a student-centered approach.

그는 흥미가 없었고, 과제를 시작하는 것을 미뤘다. 따라서, 선생님은 학생 중심 접근법을 시도해 보기로 결정했다.

예시 2 + 부연 설명

Then, she describes how the teacher asked her son
⑥ _____.

그다음, 그녀는 선생님이 아들에게 그의 흥미를 끄는 종류의 미술을 찾으라고 했음을 설명한다.

Her son ⑦ _____
_____. He created pieces based on them. He worked hard and his excellent work helped him win a scholarship to art school.

그녀의 아들은 만화 예술과 거리 예술을 무척이나 해보고 싶어 했다. 그는 그것들을 기초로 한 작품을 만들었다. 그는 열심히 작업했고 그의 뛰어난 작품은 그가 예술 학교 장학금을 타는 데 도움이 되었다.

모범 답안 p.180　Q3_8

Hackers Practice

03 Q3_9

Reading Time: 50 seconds

Opportunity Cost

When individuals make decisions, they often consider opportunity cost. This is because it helps determine how valuable a thing is in comparison to something else. Essentially, opportunity cost is how much a missed opportunity is worth. It occurs when one choice is made over another. Evaluation of opportunity cost is necessary when making financial and business decisions. It is a way to determine the economic costs of performing or not performing a certain action. It can also be used to help decide between two choices that seem equally attractive. In this case, factors can include time, professional development, and personal enjoyment.

Please listen carefully.

The professor provides an example. Explain how it illustrates the concept of opportunity cost.

Hackers TOEFL Speaking Intermediate

노트 ✏️

읽기 노트

○ 주제
  _____
○ 세부 사항
  - _____
○   _____

듣기 노트

○ 예시 1
  1. _____
○ 부연 설명
  - _____
    _____
○ 예시 2
  2. friends ask movie
○ 부연 설명
  - leave 3 hrs.
    early & lose
    $75, but fun &
    break

말하기 🎤

주제

According to the reading, ① _____
_____.
The professor uses ② _____
to explain ③ _____.

읽기 지문에 따르면, 기회비용은 놓친 기회가 얼마나 많이 가치 있는가이다. 교수는 한 가지 예를 들어 기회비용을 설명한다.

예시 1 + 부연 설명

First, he describes a personal trainer at a busy 24-hour fitness center.

첫째로, 그는 24시간 개장하는 바쁜 헬스클럽의 개인 트레이너를 설명한다.

④ _____
_____. He makes $25 an hour and is happy, but ⑤ _____
_____.

그 개인 트레이너는 저녁에 6시부터 자정까지 일한다. 그는 시간당 25달러를 벌고 행복하지만, 사회생활을 위한 시간이 없다.

예시 2 + 부연 설명

Then, he describes how the personal trainer's friends ask if he can make it to a movie.

그다음, 그는 그 개인 트레이너의 친구들이 그가 영화를 보러 갈 수 있느냐고 물어봄을 설명한다.

⑥ _____.
He loses the chance to make $75, which is his opportunity cost, ⑦ _____
_____.

그는 세 시간 일찍 퇴근하고 영화를 보러 가기로 결정한다. 그는 75달러를 벌 기회를 놓치고, 이것은 기회비용이지만, 즐거운 시간을 보내고 일로부터 휴식을 취한다.

모범 답안 p.182 🎧 Q3_10

Q3 읽고 듣고 말하기 (2) 대학 강의 101

Hackers Practice

04 Q3_11

Reading Time: 45 seconds

Rewilding

Rewilding is the process of returning land to its wild or natural state. It is a solution to biodiversity loss and the destruction of nature by humans. As human populations grow, many natural landscapes are converted for human use. This has displaced plants and animals and upset nature's balance. Rewilding aims to restore that balance in one of two main ways: passive or active rewilding. Passive rewilding uses little human intervention to encourage nature to heal itself. Active rewilding uses some human intervention to make sure an ecosystem has what it needs to thrive.

Please listen carefully.

The professor provides two examples. Explain how they illustrate the concept of rewilding.

노트

읽기 노트

- 주제
  _____
- 세부 사항
  - _____
    _____

듣기 노트

- 예시 1
  1. _____
  - 부연 설명
    - _____
      _____

- 예시 2
  2. _____
  - 부연 설명
    - _____
      _____

말하기

주제

According to the reading, ① _____
_____
_____. **The professor uses** ② _____
to explain ③ _____.

읽기 지문에 따르면, 재야생화는 땅을 야생 또는 자연 상태로 되돌리는 과정이다. 교수는 두 가지 예를 들어 재야생화를 설명한다.

예시 1 + 부연 설명

First, he describes how ④ _____
_____ Chile.

첫째로, 그는 수동적 재야생화가 칠레에서 생태계를 복원했음을 설명한다.

A group banned farmers from grazing sheep and removed some man-made structures. ⑤ _____
_____.

한 단체가 농부들이 양을 방목하는 것을 금지하고 인공 구조물을 제거했다. 그들은 그 땅을 홀로 내버려두고 토종 식물과 야생동물이 자유롭게 자라도록 했다.

예시 2 + 부연 설명

Then, he describes how ⑥ _____
_____ Mozambique.

그다음, 그는 능동적 재야생화가 모잠비크에서 효과를 냈음을 설명한다.

The government gathered animals, such as buffalo and zebra, and brought them into the park. ⑦ _____
_____.

정부는 물소와 얼룩말과 같은 동물들을 모아 공원으로 데려왔다. 그들은 또한 동물들의 수가 확실히 균형을 유지하도록 했다.

모범 답안 p.184 **Q3_12**

Hackers Test

다음 질문에 답하기 위해 노트를 작성하고 답안을 완성하여 말해보세요.

01 　Q3_13

Reading Time: 50 seconds

> **Signal Redundancy**
>
> Signal redundancy is utilized by many animals to aid in communication, and it is the use of different signals to communicate the same message. Because the different communication types carry the same meaning, they are said to be redundant. A common form of signal redundancy is the use of more than one sensory channel to convey a particular meaning. For example, an animal species may use a visual sign to alert other members of the presence of a threat. The animal then may use an auditory sign. This ensures that the message gets repeated if for some reason one of the sensory channels fails.

Now get ready to answer the question.

The professor provides an example. Explain how animals use signal redundancy.

PREPARATION TIME
00: 00: 30

RESPONSE TIME
00: 00: 60

Hackers TOEFL Speaking Intermediate

노트

읽기 노트
- 주제
  - _____
- 세부 사항
  - _____

듣기 노트
- 예시 1
  1. _____
  - 부연 설명
    - _____
    - _____
- 예시 2
  2. _____
  - 부연 설명
    - _____
    - _____

말하기

주제

According to the reading, ① _____
_____.
The professor uses an example to explain ② _____
_____.

예시 1 + 부연 설명

First, he describes ③ _____.

If a predator approaches, the water birds will move their heads up and down. ④ _____
_____.

예시 2 + 부연 설명

Then, he describes ⑤ _____
_____.

The birds emit an alarm call. ⑥ _____
_____
_____.

This example demonstrates signal redundancy.

모범 답안 p.186   Q3_14

Q3 읽고 듣고 말하기 (2) 대학 강의

Hackers Test

02 Q3_15

Reading Time: 45 seconds

Internal Competition

Occasionally, two products are manufactured by the same company and overlap in function substantially. Similarly, two branches of the same chain could open within the same area. If the products are similar enough or the stores are close enough, they will inevitably compete for sales. In these cases, the direct competition of a company with itself for customer attraction is likely to occur. This phenomenon is known as internal competition. Although internal competition may increase overall sales, it is harmful in the sense that a new store location or product can cut into existing sales.

Now get ready to answer the question.

The professor provides two examples. Explain how they illustrate the concept of internal competition.

PREPARATION TIME
00: 00: 30

RESPONSE TIME
00: 00: 60

노트

읽기 노트

- 주제
  - _____
- 세부 사항
  - _____

듣기 노트

- 예시 1
  1. _____
- 부연 설명
  - _____
     _____

- 예시 2
  2. _____
- 부연 설명
  - _____
     _____

말하기

주제

According to the reading, ① _____
_____.

The professor uses two example to explain ② _____
_____.

예시 1 + 부연 설명

First, she describes ③ _____
_____.

Sales of Sweetheart dolls climbed for 40 years, and ④ _____.

The new dolls became top seller, but ⑤ _____
_____.

예시 2 + 부연 설명

Second, she describes ⑥ _____
_____.

A chain of cafés opened a ton of stores, and ⑦ _____
_____.

As a result, the first store no longer made a profit.

These examples demonstrate internal competition.

모범 답안 p.188 **Q3_16**

무료 토플자료·유학정보 제공 goHackers.com

Hackers TOEFL Speaking Intermediate

Q4 듣고 말하기 - 대학 강의

COURSE 1 중요 표현 익히기
COURSE 2 노트테이킹하기
COURSE 3 노트 바탕으로 말하기

INTRODUCTION

Overview

Q4 듣고 말하기-대학 강의 문제는 들은 내용을 바탕으로 제시된 질문에 답하는 유형이다. 학술적인 주제에 대한 교수의 강의 일부를 듣게 된다. 그 후 전반적인 강의 내용을 요약하여 말하라는 질문이 나온다.

시험 진행 방식

■ 출제 예상 주제

- 주제: 새의 눈 위치
  - 소주제 1: 눈이 앞에 위치한 경우 더 정확히 멀리 볼 수 있음
    - (예: 독수리는 상공에서 작은 쥐를 볼 수 있음)
  - 소주제 2: 눈이 옆에 위치한 경우 위험을 더 빨리 알아챔
    - (예: 오리는 여우가 나타나면 빨리 알아챔)

- 주제: 영화 볼 때 나타나는 두 가지 유형
  - 소주제 1: 결론을 몰라서 궁금해하는 유형
    - (예: 두 사람이 각자 금을 찾으러 간다면 어떤 사람이 먼저 찾게 될지 궁금해함)
  - 소주제 2: 결론은 알지만 결론까지 가기 위한 과정을 궁금해하는 유형
    - (예: 남자와 여자의 사랑이 이루어지는 것은 알지만 그 과정을 궁금해함)

■ 질문의 핵심 포인트

Q4의 질문에서는 교수가 설명하는 두 가지 소주제의 중심 내용을 요약하여 말할 것을 요구한다.

질문의 예

Using (points and examples) from the talk, describe (two ways plants are protected against fires).
      중심 내용과 예   두 가지 소주제

강의의 중심 내용과 예를 이용하여, 식물이 불로부터 보호되는 두 가지 방식을 설명하세요.

■ Step별 문제풀이 전략

Step 1   들은 내용 노트테이킹하기
교수가 설명하는 주제와 그에 대한 소주제의 중심 내용을 부연 설명과 함께 노트테이킹한다.

Step 2   노트 바탕으로 말하기
노트테이킹한 내용을 바탕으로 듣기 지문의 내용을 요약하여 말한다. 먼저 주제를 밝히고 그에 대한 소주제의 중심 내용을 말한다.

Hackers TOEFL Speaking Intermediate

COURSE 01 중요 표현 익히기

▲ 무료 음원 바로 듣기

Q4 듣고 말하기-대학 강의 문제의 답변을 말할 때 유용하게 사용할 수 있는 중요 표현들을 예문과 함께 익혀보자. 정확한 발음으로 녹음된 음성 자료를 따라 예문을 반복해서 읽으며 외워두면 좋다.

유형별 표현 Q4_1

1. 주제를 말할 때 쓸 수 있는 표현

1 교수는 두 가지 예를 들어 ~을 설명한다
The professor explains ~ by giving two examples

교수는 두 가지 예를 들어 전파가 어떻게 일어나는지 설명한다.
The professor explains how diffusion takes place **by giving two examples**.
* 전파 diffusion   * 일어나다 take place

교수는 두 가지 예를 들어 식물들을 불로부터 보호하는 기제들을 설명한다.
The professor explains mechanisms that protect plants against fire **by giving two examples**.

교수는 두 가지 예를 들어 상표명 인식을 설명한다.
The professor explains name recognition **by giving two examples**.
* 상표명 인식 name recognition

2. 소주제를 말할 때 쓸 수 있는 표현

2 첫째로, ~(함)을 설명한다
First, 주어 describe (how) ~

첫째로, 그는 소비자들이 이미 이름을 알고 있는 상품을 살 가능성이 더 높음을 설명한다.
First, he **describes how** consumers are more likely to buy products that they already know the name of.
* 소비자 consumer

첫째로, 그는 사업을 시작하는 데 사용되는 돈인 자본금을 설명한다.
First, he **describes** capital, which is money that is used to start up a business.

3 둘째로, ~(함)을 설명한다
Second, 주어 describe (how) ~

둘째로, 그는 광고가 유명인을 사용함을 설명한다.
Second, he **describes how** commercials use celebrities.
* 광고 commercial   * 유명인 celebrity

둘째로, 그는 심리적 가격 책정을 설명한다.
Second, he **describes** psychological pricing.
* 심리적인 psychological

3. 소주제를 부연 설명할 때 쓸 수 있는 표현

4 ~라고 말한다
주어 say that ~

그녀는 그것이 더 전통적인 유형이라고 말한다.
She **says that** it is a more traditional style.
* 전통적인 traditional   * 유형 style

그는 사람들이 연예인을 동경하고 그들이 광고하는 상품이 좋을 게 틀림없다고 생각한다고 말한다.
He **says that** people admire stars and think that the products that they advertise must be good.
* 동경하다 admire   * 광고하다 advertise

그녀는 그것은 자극으로부터 발생하는 생리 반응이라고 말한다.
She **says that** they are a physiological response that results from irritation.
* 자극 irritation   * 생리적인 physiological

5 ~의 예를 든다
주어 use [mention] the example of ~

그녀는 대벌레의 예를 든다.
She **uses the example of** stick insects.

그는 차 광고에 사용되는 유명한 레이싱카 선수의 예를 든다.
He **mentions the example of** a famous race car driver being used in a car ad.

Hackers Practice

앞에서 익힌 중요 표현을 활용하여 다음 문장을 영어로 말해보세요.

01 그녀는 ~의 예를 든다 / 대벌레

🎤 _____.

02 둘째로, 그는 ~을 설명한다 / 심리적 가격 책정
  * 심리적인 psychological

🎤 _____.

03 그녀는 ~라고 말한다 / 그것이 더 전통적인 유형이다
  * 전통적인 traditional   * 유형 style

🎤 _____.

04 교수는 ~을 설명한다 / 전파가 어떻게 일어나는지 / 두 가지 예를 들어
  * 전파 diffusion   * 일어나다 take place

🎤 _____.

05 교수는 ~을 설명한다 / 식물들을 불로부터 보호하는 기제들 / 두 가지 예를 들어

🎤 _____.

06 첫째로, 그는 ~을 설명한다 / 자본금 / 돈인 / 사업을 시작하는 데 사용되는

🎤 _____.

07 둘째로, 그는 ~을 설명한다 / 광고가 유명인을 사용함
　　＊ 광고 commercial　＊ 유명인 celebrity
　🎤 _____.

08 첫째로, 그는 ~을 설명한다 / 소비자들이 상품을 살 가능성이 더 높음 / 그들이 이미 이름을 알고 있는
　　＊ 소비자 consumer
　🎤 _____.

09 그녀는 ~라고 말한다 / 그것은 / 생리 반응 / 자극으로부터 발생하는
　　＊ 생리적인 physiological　＊ 자극 irritation
　🎤 _____.

10 그는 ~라고 말한다 / 사람들이 연예인을 동경한다 / 그리고 ~라고 생각한다 / 그들이 광고하는 상품이 / 좋을 게 틀림없다
　　＊ 동경하다 admire　＊ 광고하다 advertise
　🎤 _____.

11 그는 ~의 예를 든다 / 유명한 레이싱카 선수 / 차 광고에 사용되는
　🎤 _____.

12 교수는 ~을 설명한다 / 상표명 인식 / 두 가지 예를 들어
　　＊ 상표명 인식 name recognition
　🎤 _____.

모범 답안 p.191　**Q4_2**

Hackers TOEFL Speaking Intermediate

COURSE 02 노트테이킹하기

▲ 무료 음원
바로 듣기

과학, 심리학, 경제학 등의 학술적인 주제에 대한 교수의 강의를 들으며 노트테이킹한다. 질문에서 요구하는 포인트를 조리 있게 말할 수 있도록 다음의 구조에 맞추어 노트테이킹한다.

노트 구조

듣기 노트

주제
- 소주제 1
  – 부연 설명
- 소주제 2
  – 부연 설명

▌들은 내용 노트테이킹하는 순서

1 주제 적기

교수가 설명하는 강의의 주제를 적는다. 강의 도입부에서 교수가 앞으로 어떤 내용을 설명할 것인지 언급하므로, 처음부터 집중하여 들으며 어떤 주제가 제시되는지 파악하여 적는다. 주제가 제시될 때 자주 쓰이는 다음의 표현들을 알아두자.

주제가 제시될 때 쓰이는 표현

- Today, **we are going to take a closer look at** a couple of these entry barriers.
  오늘은 이러한 진입 장벽 중 두 가지에 대해 좀 더 자세히 살펴볼 거예요.
- Today, **I want to discuss** how aquatic insects survive underwater.
  오늘은 수생 곤충이 어떻게 수중에서 생존하는지에 대해 논의해보고 싶습니다.

2 소주제와 부연 설명 적기

강의의 주제를 파악한 후 그에 대한 소주제를 부연 설명과 함께 적는다. 보통 두 가지 소주제가 제시되므로 1, 2로 번호를 매겨 소주제를 적은 후, 각 소주제 밑에 부연 설명을 적는다. 소주제가 제시될 때 자주 쓰이는 다음의 표현들을 알아두자.

소주제가 제시될 때 쓰이는 표현

- **First**, some trees have a thick, self-pruning trunk that helps protect against fire.
  먼저, 어떤 나무들은 불로부터 보호하도록 돕는 두꺼운 자연 낙지의 줄기를 가지고 있어요.
- **Let's start with** capital, uh, in other words, money that is used to start up a business.
  자본금, 어, 즉, 사업을 시작하는 데 사용되는 돈부터 시작해 봅시다.

들은 내용 노트테이킹의 예

듣기 지문

> As you know, fire is one of the biggest dangers faced by trees and plants. Plants have evolved two mechanisms that protect them against fire.
> First, some trees have a thick, self-pruning trunk that helps protect against fire. If a trunk is thick, it can survive fires since only its outside will burn during a fire. And if a trunk is self-pruning, it means that the tree sheds its own limbs and branches . . . So it won't have branches close to the ground. This makes the tree less likely to catch fire. The California redwood is an example of a tree with these features . . . when forest fires hit the area, well, the trees don't often catch fire because they self-prune. And, if the trees do in fact catch fire, their thick trunks ensure that they only blacken on the outside, but rarely burn completely through.
> Plant shoots have also adapted to deal with fire. Lots of trees have shoots that are buried deep under the bark. Shoots are the parts of the tree that regenerate . . . the first new parts . . . and having them deep within the bark is an advantage if a fire occurs. They're later able to sprout from the damaged parts of a tree. Take the eucalyptus tree, for example . . . that's the tree koalas always eat. Well, that tree can burn until only the roots are left . . . but the shoots are able to take hold in the leftover roots, and the tree can grow again.

- 주제: 식물을 불로부터 보호하는 기제
- 소주제 1: 두꺼운 자연 낙지의 줄기
- 부연 설명:
  - 겉만 타고 불이 덜 붙음
  - 예) 캘리포니아 삼나무는 불이 붙지 않아 겉만 검어짐
- 소주제 2: 나무껍질 아래 묻힌 새싹
- 부연 설명:
  - 손상된 부분에서 싹틈
  - 예) 유칼립투스는 타면 새싹이 뿌리 안에서 뿌리를 내리고 나무는 다시 자람

① 강의의 주제를 적는다.
② 강의의 주제에 대한 두 가지 소주제를 부연 설명과 함께 적는다.

듣기 노트

주제	mechan. protect plants ↔ fire 식물을 불로부터 보호하는 기제
소주제 1	1. thick, self-pruning trunk 두꺼운 자연 낙지의 줄기
부연 설명	– outside burn, ↓ catch fire 겉만 타고 불이 덜 붙음
	– ex) Cal. redwood: X catch fire, blacken outside
	예) 캘리포니아 삼나무는 불이 붙지 않아 겉만 검어짐
소주제 2	2. shoots under bark 나무껍질 아래 새싹
부연 설명	– sprout from damaged parts 손상된 부분에서 싹틈
	– ex) eucal.: burn → shoots take hold in roots & grow
	예) 유칼립투스는 타면 새싹이 뿌리 안에서 뿌리를 내리고 자람

Hackers Practice

다음 질문에 답하기 위한 노트를 완성해 보세요.

01 Q4_3

> Please listen carefully.

노트

듣기 노트

주제	display behavior
소주제 1	1. territorial
부연 설명	– defend for resource, warning
	– _____
소주제 2	2. _____
부연 설명	– _____
	– _____

02 Q4_4

Please listen carefully.

노트 ✏️

듣기 노트

주제	
소주제 1	1. _____
부연 설명	− _____
	− _____
소주제 2	2. personal growth
부연 설명	− learn & grow → succeed
	− _____

모범 답안 p.192

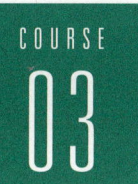

Hackers TOEFL Speaking Intermediate

COURSE 03 노트 바탕으로 말하기

▲ 무료 음원 바로 듣기

말하기 시간이 시작되면 듣기 지문을 노트테이킹한 내용을 바탕으로 60초 동안 주제, 소주제의 순서로 말한다. 다음의 구조에 맞춰 항상 쓸 수 있는 표현을 순서대로 반복적으로 연습해 두면, 당황하지 않고 짜임새 있게 말할 수 있다.

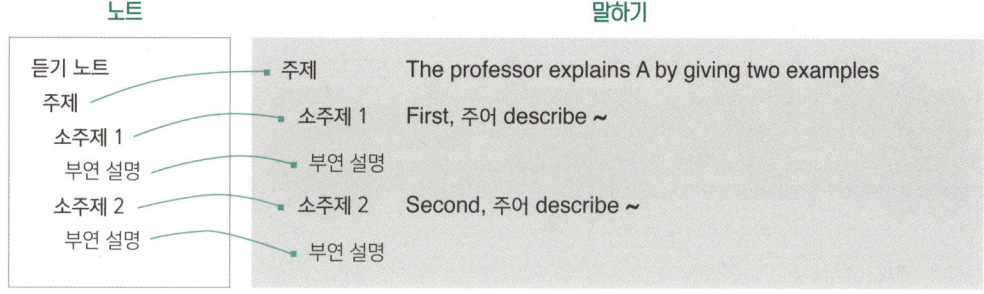

노트 바탕으로 말하는 순서

1 주제 말하기
다음의 주제 말하기 표현과 질문의 표현을 활용하여 노트테이킹한 주제를 말한다.

주제 말하기 표현

- The professor explains A(질문의 표현) by giving two examples
  교수는 두 가지 예를 들어 A(질문의 표현)를 설명한다

주제 말하기의 예

Q Using points and examples from the talk, describe two ways plants are protected against fires.

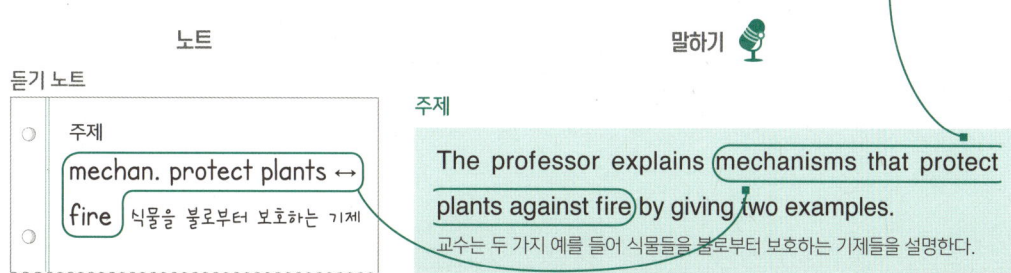

2 소주제와 부연 설명 말하기

주제를 말한 후 그에 대한 소주제를 말한다. 다음의 소주제 말하기 표현을 활용하여 노트테이킹한 소주제를 말하고 이를 부연 설명한다.

소주제 말하기 표현

- First, 주어 describe ~ 첫째로, 주어는 ~을 설명한다
- Second, 주어 describe ~ 둘째로, 주어는 ~을 설명한다

소주제와 부연 설명 말하기의 예

노트　　　　　　　　　　　　　말하기

듣기 노트

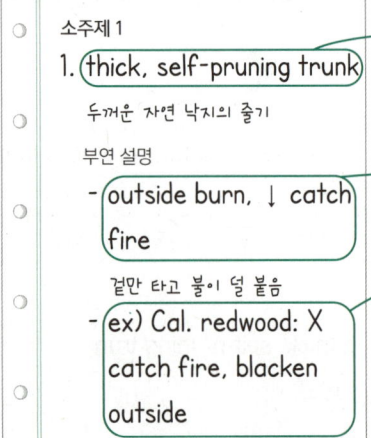

소주제 1

First, she describes a thick, self-pruning trunk.
첫째로, 그녀는 두꺼운 자연 낙지의 줄기를 설명한다.

부연 설명

If a trunk is thick, only the outside will burn. Also, a self-pruning tree is less likely to catch fire. For example, when fires hit the forest, the California redwoods rarely catch fire, and they only blacken on the outside during fires.
줄기가 두꺼우면 겉만 탈 것이다. 또한, 자연 낙지의 나무는 불이 붙을 가능성이 더 적다. 예를 들어, 불이 숲을 강타하면 캘리포니아 삼나무는 불이 잘 붙지 않고 불이 난 동안 겉만 검어진다.

TIPS

소주제와 부연 설명을 말한 후에도 시간이 남는다면 마무리 문장을 덧붙여 답안을 끝마치는 것도 좋다.

ex) These examples demonstrate mechanisms that protect plants against fire.
　　 이러한 예는 식물들을 불로부터 보호하는 기제들을 보여준다.

Hackers Practice

다음 질문에 답하기 위해 노트를 작성하고 답변을 완성하여 말해보세요.

01 Q4_5

Please listen carefully.

Using points and examples from the talk, describe two ways plants are protected against fires.

노트

듣기 노트

주제
mechan. protect
plants ↔ fire

소주제 1
1. thick, self-pruning
   trunk
   부연 설명
   - _____
   - _____

소주제 2
2. shoots under bark
   부연 설명
   - _____
   - _____

말하기

주제

① _____ mechanisms that protect plants against fire ② _____.
교수는 두 가지 예를 들어 식물들을 불로부터 보호하는 기제들을 설명한다.

소주제 1 + 부연 설명

③ _____ a thick, self-pruning trunk.
첫째로, 그녀는 두꺼운 자연 낙지의 줄기를 설명한다.

If a trunk is thick, only the outside will burn. ④ _____. ⑤ _____, and they only blacken on the outside during fires.
줄기가 두꺼우면 겉만 탈 것이다. 또한, 자연 낙지의 나무는 불이 붙을 가능성이 더 적다. 예를 들어, 불이 숲을 강타하면, 캘리포니아 삼나무는 불이 잘 붙지 않고 불이 난 동안 겉만 검어진다.

소주제 2 + 부연 설명

⑥ _____ shoots that are buried under bark.
둘째로, 그녀는 나무껍질 아래 묻힌 새싹을 설명한다.

They can later sprout from the damaged parts of a tree. She mentions the example of the eucalyptus tree. Even after the tree is burned, ⑦ _____ _____.
새싹들은 나중에 나무의 손상된 부분에서 싹틀 수 있다. 그녀는 유칼립투스 나무의 예를 든다. 나무가 타버린 후에도, 새싹들은 뿌리 안에서 뿌리를 내릴 수 있고, 나무는 다시 자랄 수 있다.

모범 답안 p.194 Q4_6

02 Q4_7

Please listen carefully.

Using points and examples from the talk, describe two types of entry barriers.

노트

듣기 노트

주제
_____
_____

소주제 1
1. capital: $ to start biz.
   부연 설명
   - friend open bag factory
   - needed space, equip., material

소주제 2
2. _____
   _____
   부연 설명
   - _____
   - _____

말하기

주제

The professor explains ① _____
_____ **by giving an example**.

교수는 한 가지 예를 들어 두 가지 유형의 진입 장벽을 설명한다.

소주제 1 + 부연 설명

First, he describes capital, which is ② _____
_____.

첫째로, 그는 사업을 시작하는 데 사용되는 돈인, 자본금을 설명한다.

He uses the example of ③ _____
_____. She needed capital
④ _____.

그는 최근에 가방 공장을 연 그의 친구의 예를 든다. 그녀는 공간을 임대하고, 장비를 구입하고, 가죽 같은 재료를 살 자본금이 필요했다.

소주제 2 + 부연 설명

Second, he describes control of resources, ⑤ _____
_____.

둘째로, 그는 소수의 공장들만이 대부분의 공장들이 필요로 하는 재료를 통제하는 것을 뜻하는 자원의 통제를 설명한다.

For example, most of the high-quality leather producers
⑥ _____. So it took
a long time ⑦ _____.

예를 들어, 대부분의 고급 가죽 생산업체들은 유명 브랜드들과 독점 계약을 맺었다. 그래서 그의 친구는 공급업체를 찾는 데 오랜 시간이 걸렸다.

모범 답안 p.196 Q4_8

Hackers Practice

03 🎧 Q4_9

> Please listen carefully. 🎧

Using points and examples from the talk, describe two ways animals have adapted to protect themselves.

노트 ✏️

듣기 노트

주제
_____
_____

소주제 1
1. _____
   _____

부연 설명
- _____
- _____

소주제 2
2. armor

부연 설명
- hard material, acts as shield
- ex) tortoise: threaten → into shell, X bite

말하기 🎤

주제

The professor explains ① _____ by giving two examples.
교수는 두 가지 예를 들어 동물들의 방어적 적응을 설명한다.

소주제 1 + 부연 설명

First, she describes camouflage.
첫째로, 그녀는 위장을 설명한다.

Camouflage helps animals blend in with their surroundings ② _____. She uses the example of stick insects. ③ _____ _____, especially when they aren't moving.
위장은 포식자들이 볼 수 없도록 동물들이 주변 환경에 섞이는 것을 도와준다. 그녀는 대벌레의 예를 든다. 그들은 특히 움직이지 않으면, 나뭇가지로 보여서 알아보기 정말 힘들다.

소주제 2 + 부연 설명

Second, she describes armor.
둘째로, 그녀는 방호 기관을 설명한다.

Armor is made up of hard material and ④ _____ _____. For example, when a tortoise is threatened by a predator, ⑤ _____. The hard shell ⑥ _____.
방호 기관은 단단한 물질로 만들어져 있고 포식자들에 대항하는 방패 역할을 한다. 예를 들어, 거북이는 포식자에게 위협을 받으면, 안전을 위해 등껍질 안으로 들어간다. 그 단단한 등껍질은 포식자들이 물어뜯는 것을 막는다.

모범 답안 p.198 🎧 Q4_10

04 Q4_11

> Please listen carefully.

Using points and examples from the talk, describe two pricing strategies.

노트

듣기 노트

- 주제
  _____
  _____

- 소주제 1
  1. _____
     _____

- 부연 설명
  - _____
  - _____

- 소주제 2
  2. _____
     _____

- 부연 설명
  - _____
  - _____

말하기

주제

The professor explains ① _____
_____ by giving two examples.
교수는 두 가지 예를 들어 가격 책정 전략의 유형을 설명한다.

소주제 1 + 부연 설명

First, he describes ② _____.
첫째로, 그는 프리미엄 가격 책정을 설명한다.

Retailers sell things at higher than average prices, ③ ___
_____.
He uses the example of designer shoes. Buyers assume that ④ _____.
소매점은 물건을 평균가보다 더 비싸게 팔고, 소비자들은 무언가 특별한 것을 사고 있다고 믿는다. 그는 디자이너가 만든 구두를 예로 든다. 구매자들은 많은 돈을 지불하면 물건이 좋을 것이라고 추정한다.

소주제 2 + 부연 설명

Second, he describes ⑤ _____.
둘째로, 그는 심리적 가격 책정을 설명한다.

⑥ _____, and customers believe they're getting a real bargain. He mentions the example of ⑦ _____. Customers will feel that the shoes are cheap and ⑧ _____
_____.
소매점은 물건을 조금 더 싸게 팔고, 소비자들은 그들이 정말 싸게 사는 거라고 믿는다. 그는 99달러로 가격이 매겨진 구두의 예를 든다. 소비자들은 그 구두가 싸다고 느낄 것이고, 필요하지 않더라도 그 구두를 살 가능성이 더 높아질 것이다.

모범 답안 p.200 Q4_12

Hackers Test

다음 질문에 답하기 위해 노트를 작성하고 답안을 완성하여 말해보세요.

01 Q4_13

Now get ready to answer the question.

Using points and examples from the talk, describe two types of tears.

PREPARATION TIME
00: 00: 20

RESPONSE TIME
00: 00: 60

노트

듣기 노트

- 주제
  _____
  _____
- 소주제 1
  1. _____
  _____
  부연 설명
  - _____
  - _____
- 소주제 2
  2. _____
  _____
  부연 설명
  - _____
  - _____

말하기

주제

The professor explains ① _____ **by giving two examples.**

소주제 1 + 부연 설명

First, she describes ② _____.

③ _____
_____.

They help protect the eyes. When a piece of dust gets in the eye, the brain sends hormones, and ④ _____.

소주제 2 + 부연 설명

Second, she describes ⑤ _____.

She says that these tears represent ⑥ _____
_____.

Psychic tears also occur when we feel physical pain, ⑦ _____.

These examples demonstrate two types of tears.

모범 답안 p.202 Q4_14

Hackers Test

02 Q4_15

Now get ready to answer the question.

Using the points and examples from the talk, describe two ways a third party can help resolve conflicts.

PREPARATION TIME
00: 00: 20

RESPONSE TIME
00: 00: 60

Hackers TOEFL Speaking Intermediate

노트 ✏️

듣기 노트

- 주제
  _____
  _____

- 소주제 1
  1. _____
     _____

- 부연 설명
  - _____
  - _____

- 소주제 2
  2. _____
     _____

- 부연 설명
  - _____
  - _____

말하기 🎤

주제

The professor explains ① _____
_____ by giving two examples.

소주제 1 + 부연 설명

First, he describes ② _____.

③ _____
_____
_____.

The goal is to come to a decision that both agree with. ④ _____
_____.

소주제 2 + 부연 설명

Second, he describes ⑤ _____.

⑥ _____
_____.

He explains that the two parties must accept the arbitrator's decision, ⑦ _____
_____.

These examples demonstrate two ways a third party helps resolve conflicts.

모범 답안 p.204 🎧 **Q4_16**

무료 토플자료·유학정보 제공
goHackers.com

Hackers TOEFL Speaking Intermediate

Actual Test

Actual Test 1

Actual Test 2

실전모의고사 프로그램을 통해, 실제 시험과 동일한 환경에서도 Actual Test를 풀어볼 수 있습니다.
* 해커스인강(HackersIngang.com) 접속 → [토플 → MP3/자료 → 무료 MP3/자료] 클릭 → [실전모의고사 프로그램] 클릭

Actual Test 1

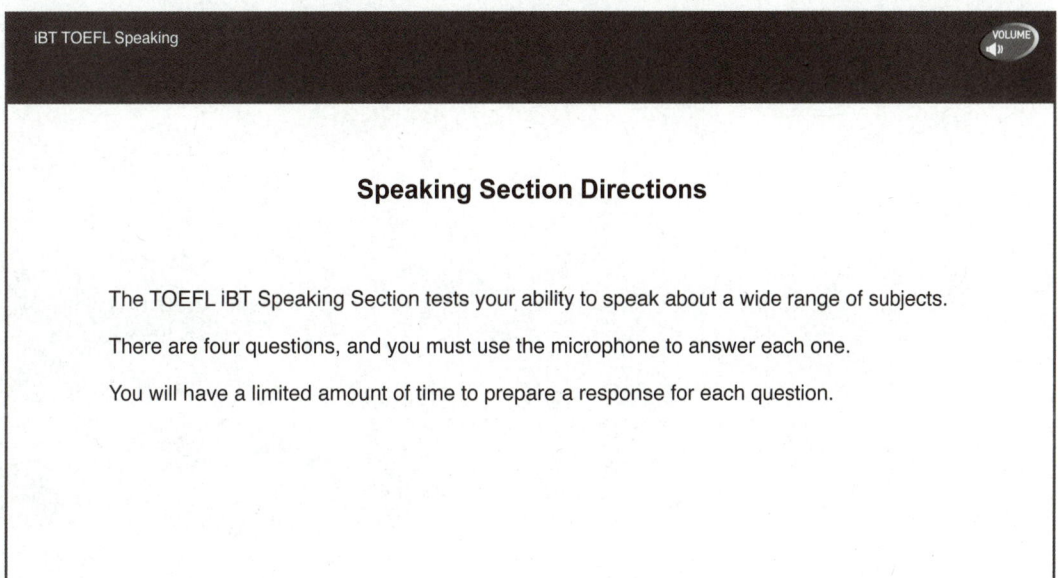